资助项目

国家自然科学基金项目（72171187，72201202，72071152）

教育部人文社会科学研究项目（22YJA870001，22YJC630116）

陕西省国际科技合作重点项目（2018KWZ-04）

陕西省杰出青年科学基金项目（2023-JC-JQ-11）

陕西省社会科学基金项目（2022R007）

知识产权管理

——基于区块链的视角

杜　荣　石纯来　◎著
艾时钟　孙秉珍

The Value of Blockchain
Technology in Intellectual
Property Management

经济管理出版社
ECONOMY & MANAGEMENT PUBLISHING HOUSE

图书在版编目（CIP）数据

知识产权管理：基于区块链的视角 / 杜荣等著.
北京：经济管理出版社，2024. -- ISBN 978-7-5096
-9835-8

Ⅰ．D913.04

中国国家版本馆 CIP 数据核字第 2024BU0467 号

组稿编辑：张巧梅
责任编辑：张巧梅
责任印制：许　艳
责任校对：王淑卿

出版发行：经济管理出版社
　　　　　（北京市海淀区北蜂窝 8 号中雅大厦 A 座 11 层　100038）
网　　址：www.E-mp.com.cn
电　　话：（010）51915602
印　　刷：北京晨旭印刷厂
经　　销：新华书店
开　　本：720mm×1000mm/16
印　　张：10.75
字　　数：140 千字
版　　次：2025 年 1 月第 1 版　　2025 年 1 月第 1 次印刷
书　　号：ISBN 978-7-5096-9835-8
定　　价：88.00 元

前　言

全球知识产权盗版侵权的问题日益严重。根据全球创新政策中心（Global Innovation Policy Center）估计，全球网络盗版每年给美国经济造成至少292亿美元的收入损失；以中国网络文学领域为例，仅2019年中国网络文学总体盗版损失规模已高达56.4亿元。除经济损失以外，知识产权盗版也会危害原创作者的创作积极性，进而对知识产权行业整体造成不良影响。现实中，各类知识产权行业相关组织、企业已经注意到这些问题，并纷纷采用防盗版的技术及管理手段来预防及打击盗版。而区块链技术具有难以篡改、便于溯源、分布式存储等特点，能够为知识产权管理行业带来新的发展机遇。因此，本书基于区块链视角来探究知识产权管理。具体而言，首先分析了数字作品知识产权管理中的潜在问题以及区块链技术应用；其次，分别探究了区块链技术对数字作品管理以及知识产权管理平台模式选择的影响；在此基础上，研究了在线平台数字作品知识产权保护策略；最后，基于区块链技术，设计了数字作品知识产权管理系统并进行了测试。

另外，西安电子科技大学研究生郑阳、张海强、杨帆、李诺在校攻读硕士学位期间参加了本项目的研究，他们的学位论文为本书奠定了基础。本书的出版还得到了国家自然科学基金项目（72171187、72201202、72071152），教育部人文社会科学研究项目（22YJA870001、22YJC630116），陕西省国际科技合作重点项目（2018KWZ－04），陕西省杰出青年科学基金项目（2023-JC-JQ-11）以及陕西省社会科学基金项目（2022R007）的支持。同时，在读研究生钱丽瑾、吴倩钰参与了本书内容的编辑工作。我们对上述各位研究生表示忠心的感谢。此外，经济管理出版社张巧梅编辑为本书的出版付出了巨大的努力，我们非常感谢她！

目　录

第1章　绪论

移动互联网的迅速发展扩充了包括但不限于文学、艺术等享有版权的作品的展现形式及分发渠道。用户对于这类作品及其衍生品的需求程度极大地提高了，作品的版权价值也随之大幅提升了。但对于版权作品的盗版、侵权等行为不断涌现，严重打击了创作者的积极性，对作品的价值也产生了负面影响。由此，版权行业对于版权保护的需求日益提高。现有的版权保护模式存在申请周期过长、成本过高、限制传播渠道等缺点，使新兴的以数字媒体、互联网方式流通、分发的版权作品难以采用现有的版权保护方式保护其作品的应有权益。区块链技术具有难以篡改、便于溯源、分布式存储等特性，基于区块链技术的版权保护模式，能够为知识产权管理行业带来新的发展机遇。接下来，首先分析国内外数字作品知识产权保护的发展现状；其次探究区块链技术在知识产权方面的应用。

1.1 国内外数字作品知识产权保护的发展现状

1.1.1 数字作品的定义

数字作品是作品进入数字化时代的丰富和扩充。前数字时代，作者表达形成的作品必须固定在有形载体上。我国《著作权法》也规定了作品需"能以某种有形形式复制"。如果作品不能被固定或被复制，就意味着其无法被人感知和欣赏。但是，互联网技术和数字技术的应用使作品创作、传播和利用方式有所变化。作者表达与创作作品无须局限于有形载体，而且表达形式的变化并不会影响作品的内容。当前，作品均可有数字化表达形式，数字化已经成为著作权作品的重要呈现、保存和传播方式，运用数字技术保存作品，在数字化环境中传播作品，既是网络、数字、信息时代必然的发展趋势，也与全球数字化潮流相符合。在我国《著作权法》中，作品是指"文学、艺术和科学领域内具有独创性并能以一定形式表现的智力成果"。数字作品是作品的重要组成部分，也符合《著作权法》规定作品的一般构成要件。在此基础上，应明确将数字作品定义为借助数字化技术编辑、复制及传播，以二进制形式存储的具有独创性的文学、艺术和科学领域内的智力成果。另外，以数字作品的产生方式为标准，可以划分为数字化作品和数字式作品。

1.1.1.1　数字化作品

数字化作品（Digitalized Works）是指运用数字技术对具备有形物质载体的传统作品进行扫描、编辑或加工，并进行原有形式与数字形式的转换，然后以二进制数字的形式固化在硬盘、光盘等介质或载体上，即以数字形式（二进制数字编码形式）记载、表达的传统作品，是传统作品的数字化，即将《著作权法》规定的法定作品类型，通过计算机技术手段呈现出来。其本质在于改变作品的表现形式和固定形式，对作品的"独创性"和著作权人不产生任何影响，如将纸质图书、美术作品、摄影作品数字化。数字化作品既能利用计算机对其内容进行编辑、加工与合成，也可以通过硬盘或光盘等介质来存储和发行。此外，还可以在不同规模的数字网络上传输。在互联网技术与数字技术的强势推动下，传统作品的数字化得以实现。当前，为满足作品快速传播和永久保存需求，越来越多的传统（非数字）作品正在被转化为数字形式。我国著作权作品呈现"脱实向虚"的发展趋势，以实物为载体的著作权作品逐步被"脱实"的数字化作品所取代。

1.1.1.2　数字式作品

数字作品不仅包括以数字形式表达的传统作品，还包括借助于计算机等设备，以数字化方式生产的作品，即数字式作品（Digital Works）。与数字化作品不同的是，数字式作品自产生之初就存在于互联网中，是运用数字化技术创作形成的原创型数字作品，自创作时就是以二进制数字形式存储的作品。其本质是以数字代码存在、流转的作品，如网络游戏、数字音乐、数字艺术品等。计算机和数字技术的迅速发展，在增加作品创作方式的同时，也降低了大众创作的门槛与成本，使人人都能成为创作者，数字式作品的数量也由此激增。目前，大众已普遍赞成数字式作品归属于"作品"。但并非所有运用数字化技术创作的作品都能成为著作权保护的客体，只有满足著作权法对构成著作权作品的基本要求，即具备独创性的数字式作品，才能够称之为著作权法意义上的"作品"，进而受到著作权法的保护。综上所述，数字作品可以从以下两方面来理解：一方面是传统版权的数字化，另一方面是数字作品的网络版权，二者的根本区别在于作品的产生方式不同。而无论是数字化作品还是数字式作品都属于数字作品，均属著作权法的保护范畴。

1.1.2 数字作品知识产权存在的问题

知识产权是知识资产中的一类，知识资产本身是不具有独立实体形态的，是依赖于一定载体而存在的组织。传统的知识产权管理模式以向知识产权管理机构（如知识产权局等）登记著作权为主，签发的著作权证书作为享有知识产权的证据，不仅需要较长的时间周期，而且不完全适用于数字作品的版权管理。近年来，我国数字版权产业呈持续增长态势，且已经成为国民经济新的增长点和经济发展中的支柱产业。如图 1-1 所示，据《中国网络版权产业发展报告（2020）》显示，2020 年中国网络版权产业规模达 11847 亿元，同比增长 23.6%①。

---

① https：//www. ncac. gov. cn/chinacopyright/upload/files/2021/6/9205f5df4b67ed4. pdf.

图 1-1　2013~2020 年中国网络版权产业市场规模

注：鉴于网络版权产业高速发展、业态创新融合迅速的特点，以及未上市企业财务数据的非公开属性，该年度数据仅为当年条件和口径下的估算数据，未按最新发展对历史数据调整；但为了反映产业发展，后续章节部分的行业历史数据按最新业态和上市后财报进行修订，各年度的业态划分和统计口径均有不同程度的调整，无法与本页整体年度数据简单运算。

资料来源：根据中国音像与数字出版协会、艾瑞咨询、QuestMobile、腾讯研究院的综合测算数据整理。

　　但产业繁荣的背后，互联网上大量的盗版和侵权问题也比较严重，严重侵犯了作品所有者的知识产权和经济利益。2013 年，国家知识产权局接到全国各地数字侵权的投诉和举报 512 件、行政处理 190 件、移送司法机关刑事处理 93 件，没收服务器及相关设备 137 台。据《2018 年中国网络版权保护年度报告》显示，2000~2018 年，共办理版权行政处罚案件近 14 万件，收缴各类侵权盗版制品超 8 亿件，侵权案件连续两年增长率超过 80%。据《2020 年中国网络版权保护年度报告》显示，"剑网 2021"专项行动期间，全国各级版权执法监管部门查办网络侵权案件 1031 件，关闭侵权盗版网站

（App）1066 个，处置删除侵权盗版链接 119.7 万条，推动相关网络服务商清理各类侵权链接 846.75 万条①。网络版权侵权问题频繁发生，给版权方带来了巨大经济损失。2018 年仅中国网络文学盗版损失规模就高达 58.3 亿元。同时，也给我国的外交工作带来了挑战。

数字作品所特有的媒体属性，决定了其复制方便、传播迅速等特点，这为数字作品的知识产权保护提出了一系列的法律难题：一是网络侵权举证困难。①侵权行为隐蔽。不直接抄袭内容，而是用人物设定、故事结构、叙事手法等手段对他人作品进行改头换面的"洗稿""融梗"式创作。②侵权主体不明确。一方面，侵权盗版网站隐藏其真实网址，网站备案地、服务器所在地以及侵权方大多不统一。另一方面，侵权人利用网盘、社交平台等途径快速传播盗版内容，发布信息的平台不固定，侵权链接、关键词不断变异，确定侵权人和侵权行为比较困难。③侵权证据易被删改。网上信息稍纵即逝，侵权人可以通过任何计算机终端随时删改侵权证据，导致无据可查。二是维权成本高，抑制了作者保护版权的积极性。首先，版权登记时间长、费用高。在一般情况下，版权登记从提交申请到获取证书需要一个月的时间，登记费用依据作品类型从 100 元到 2000 元及以上不等。其次，侵权赔偿金额远低于实际损失，抑制了行业维权的积极性。侵权案件审核耗时长，胜诉后的赔偿较少，有时甚至不足以抵消维权过程中花费的成本，导致很多人权衡得失后失去了维权的动力，这也助长了侵权行为的发生。三是版权流转流程复杂，不适用版权分散泛化的 UGC 时代。移动社交互联网时代，人人可以生产内容，版权作品数量暴增，逐渐朝"微版权"方向发展，普遍更为简短。同时，一件作品的版权可能被拆分成多个细分的版权独立授权，版权许可和管理呈现海量化趋势。没有统一的版权

---

① https：//www.ncac.gov.cn/chinacopyright/contents/12756/357401.shtml.

管理平台，使市场和作者不能明晰这些微小版权状态，这也助长了侵权行为的发生。

技术层面而言，存在的问题可以归纳为以下几方面：①合法用户的非法行为。访问控制技术作为我国法律所认可的数字版权保护技术之一，在其密码未经破译的情况下，可以有效地防止非法用户对于数字作品的获取以及使用行为。但是对于有权获取数字版权作品的合法用户，若其后续对数字版权作品进行了非法复制、改编、传播等侵权行为，访问控制技术此时就无法发挥其作用。②版权归属证明力弱。数字水印技术在数字版权作品保护领域运用范围广泛，尤其是在图片作品的保护中扮演了十分重要的角色。数字水印技术主要用于证明数字版权作品的权利归属以及其他嵌入信息的真实性，但其致命的缺陷也就在于其证明力较弱。由私人主体嵌入的水印信息内容不具有公信力和权威性，无法保证其内容的真实可信。在我国最高人民法院的司法解释中，也明确地规定了数字水印不能单独作为判断版权权属的依据，而需要与数字版权作品原稿等其他证据，形成相互印证的证据链才能作为数字版权的有效权属证明。这也就削弱了其对于数字作品的事后保护力度。且基于其技术特性也无法阻止未经授权的非法用户，对版权作品进行非法获取、使用等行为，即数字水印技术不具有事前保护的功效。因此，提升数字水印技术的公信力，对于保护数字版权作品是至关重要的一环。③缺乏统一版权认证标准。我国目前的版权确权实施的是集中管理、分散确权模式，所谓的集中管理是指计算机软件以及版权质权的确权由国家版权局所指定的机构，中国版权保护中心来管理；而分散确权是指其他版权作品由国家版权局以及各地地方版权局分别进行权利归属认证。这就导致我国的版权确权规范标准缺乏统一标准规定，由此我国的各大数字版权确权平台，也采取各自认证的方式，没有统一的数字版权认证标准，不同平台中的数字版权作品在确权、管理以及受到侵害时的技术措施可能各有不同，阻碍了建立高效的数字版权作品管理模式，对于数字版权作品纠纷时的证明、取证等司法行为都极为不便，也不利于我国数字版权作品的保护与维权。④数字版权交易问题。当前我国的数字版权交易行为主要是通过第三方私立平台进行的，暂无相应的法律法规进行规制，各大交易平台都存在着对于数字版权作品交易双方的权益不利的规则。比如，大多平台规定，平台对于其提供的数据享有最终解释权，这意味着平台对于其提供的数字版权作品的阅读量、订阅量等数据享有任意解释的权利，数字版权作品的购买方不可避免地会对作品的各项数据的真实性产生怀疑，不利于我国数字版权作品交易行业的发展。随着新媒体技术的发展，大众网络协同创作作品数量逐渐增多，但数字版权作品交易平台尚未建立对大众协同创作的合作作品的认证与奖赏机制。作品认证与奖励机制的缺位导致数字作品的合作创造者的创造者身份难以被认定，各个创造者对合作作品的贡献量难以计算，从而导致作品的获益无法公平公正地由创造者所分配，甚至部分交易平台利用这种机制漏洞来从中牟利。

1.1.3 数字作品知识产权保护发展趋势

1.1.3.1 数字版权保护的法律层面研究

在国外，发达国家和国际社会积极探寻解决之道，其中有代表性并且产生一定影响力的有：1995 年 2 月，日本文化厅发表的《多媒体委员会工作组研究》；1995 年 7 月，欧共体委员会发表的《信息化社会的著作权与邻接权》绿皮书；1995 年 9 月，美国 IITF 发表的《知识产权与国家信息基础设施》白皮书；1996 年底，WIPO 通过的《世界知识产权组织版权条约》和《世界知识产权组织表演和唱片条约》；1998 年 10 月，美国通过的《数字千年版权法案》等。同时，国外众多学者指出版权法应当正确应对科技发展所带来的挑战，他们从版权法目的和创作过程动机入手，指出版权存在的合理性和局限性，并认为应当对版权实施弱保护。在未来版权法具体制度设计上，诸多学者对以下问题进行了具体研究并提出了解决方案：版权法登记制度、孤儿作品问题、版权集体管理问题、合理使用制度和版权救济制度。此外，还有学者提出，在经济全球化的移动互联网时代，版权法应当处理好国际化和本土化统一性和灵活性之间的关系，应当采用法律共用规则和私人自治相结合的治理模式。总体而言，国外学者对移动互联网时代版权法制度改革问题研究得较为深入，在版权法目的、版权登记制度等方面有较为一致的看法，但对一些问题尚未达成共识。

我国目前并没有针对数字版权保护的专门立法，主要还是依据《著作权法》《著作权法实施条例》《网络信息传播权保护条例》《计算机软件保护条例》《出版管理条例》以及《最高人民法院关于审理计算机网络著作权纠纷案件适用法律若干问题的解释》等法律法规来进行数字版权保护。2006 年，北京市在全国率先建成数字作品版权登记平台。该平台为数字化作品版权产业乃至文化创意产业的发展保驾护航，标志着我国著作权保护工作进入了一个新的历史阶段，著作权行政管理模式和保护水平得到大大提高。2011 年 7 月，国家版权局正式启动了《著作权法》的第三次修订，为顺利推进著作权法修订工作，我国版权局专门成立了"国家版权局著作权法修订工作领导小组"和"国家版权局著作权法修订工作专家委员会"，广泛征求社会各界对修法工作的意见和建议。我国版权学者专家针对版权法修改重大问题提出了诸多见解。有学者研究了著作权法的目的，提出应当扩大信息共享领域以维护公共利益，并对人权、教育权和信息公平等与版权相关的一些价值进行深入探讨。此外，我国学者也针对版权法国际化和本土化、统一性和灵活性之间的关系提出了自己的看法，并结合我国国情提出对作品的公共管理和私人自治相结合的设想。国内部分学者通过研究国外的著作权法，以期给我国的著作权法修订带来一定的启示：英国于2014年修订了版权例外制度，试图在版权保护力度不断加强影响公众信息获取的大环境下，通过适当放宽版权限制，方便公众获得和利用作品。美国提出"复兴版权登记制度"，来应对版权纠纷问题，这对于我国有一定的借鉴意义。中国香港的版权法规以基本法为准则，拥有严格的刑事规定与执行、一站式的版权特许经营机构、独立的版权审裁处和多元化的纠纷解决机制，版权法规相对更加完善。新加坡对数字版权保护比较完善，相应法规主要包括2014年修订的《版权法》和2005年颁布的《版权（网络服务提供商）实施细则》，这两部法规对数字版权的客体制度、限制制度、救济制度、规避技术措施、侵权申述程序做了明确规定。2020年11月，我国通过了《关于修改〈中华人民共和国著作权法〉的决定》，完成了对于《著作权法》的第三次修改，修改后的《著作权法》已于2021年6月正式实施。

总体而言，关于数字时代版权法改革问题，我国研究成果的数量较多，研究内容较全面，但就研究深度而言，我国和美国等发达国家还存在一定区别，这具体体现在以下几个方面：①理论问题方面，对版权法基本理论性问题如版权法目的和版权法具体制度之间的关系、创作动机与版权法目的之间的关系和移动互联网背景下版权管理模式变革诸问题缺少深层次研究；②具体制度方面，对实践中业已存在的转化性使用、用户生成内容和粉丝作品等方面几乎没有研究。在版权保护制度方面，我国学术研究多集中于网络服务商赔偿责任，对禁令的适用条件等灵活性救济措施研究不足；③研究方法方面，实证研究和历史研究不足。如对孤儿作品的数量及影响力缺少量化分析。

1.1.3.2　数字版权保护的技术层面研究

在版权技术保护研究方面，国内研究以 2016 年为分水岭，2016 年以前多以数字水印为基础的数字版权管理技术研究为主，2016 年以后多以区块链技术研究为主。我国目前应用广泛的有数字水印技术、数字内容加密技术以及在两者结合基础上开发的数字版权管理（Digital Rights Management，DRM）技术。

数字水印技术是在内容中加入隐形的不容易被发现的记号，但不会对原始文件造成损害，有隐形水印和显性水印之分。数字水印技术可以在侵权后进行追踪和调查，但无法对侵权和盗版行为进行事前预防。而数字内容加密技术是对原始文件进行数字加密，仅有权限的用户才可以使用，可以弥补数字水印的缺陷，进行盗版和侵权行为的事前控制。数字版权管理（DRM）是指数字内容在生产、传播、销售、使用过程中进行的权利保护、使用控制与管理的技术。它并不是一种新创的技术，而是将数字指纹、数字加密、数字签名、数字水印、公钥/私钥、信任与安全体系等一系列技术组合起来，具有数字媒体加密、阻止非法内容注册、用户环境检测、用户行为监控、认证机制、付费机制和存储管理六大功能。

在数字作品版权保护领域做出重要技术贡献的有中国科学院计算机研究所以及方正公司等。方正研发的相关产品又可以把电子图书的流程还原成为纸书流程的电子图书的 DRM 方案，此外方正还研发了另外几种 APabi

软件：制作出版软件、安全发行软件、交易处理软件以及数字图书馆支持软件等。方正研发的这些数字作品版权保护产品大部分都已经投入市场并被使用，也已经取得显著成效。数字作品版权保护相关的技术一直不断被科研机构和组织推出，各组织就数字作品版权保护各个不同方面做出了相应的研究。同时，因为数字作品领域有着无限的商业利益，各大公司也展开了各种技术上的竞争。国外版权保护技术有很多，具有代表性的有 Intertrust 公司研究的 Digibox 技术。截止到目前，Digibox 技术是全球最为先进的数字作品版权保护技术。该技术可以维护在一定时间内无论在什么界面上的数字信息版权不受侵害。IBM 公司为了给人们提供有效的保护数字作品版权，从 19 世纪 90 年代就开始了对 Cryptolope 技术的探索。Digimarc 公司为保护数字作品版权而进行的电子水印领域的研究。与发达国家相比，我国数字作品版权保护技术发展还处于起步阶段，发展程度还很低。虽然国内有些企业和单位开发出了一些较高水平的版权保护软件，但是我国整体水平落后的局面并未因此而改变。而发达国家早在 20 世纪 70 年代中期就开始对数字技术的先遣——计算机软件技术及其版权问题展开研究，至今已经积累了较强的技术和经济优势，在国际版权领域拥有较高的发言权和决定权。

目前，数字版权管理技术仅解决了数字版权保护的浅层面问题，随着技术不断的发展，侵权方式的不断增多，其对数字内容保护方面的短板逐渐显现，诸多深层次问题无法解决。其一表现在大部分的传统数字版权保护方式大多对未获取授权的非法用户的不法行为进行限制，但对于通过合法手段取得授权的合法用户在合法获取数字内容之后的侵权行为并没有相应的处罚措施；其二表现在传统数字版权保护方式虽然在证明数字内容归属方面有一定的表现，比如，数字水印技术可以通过嵌入其中的作者信息来表明该数字内容的权利归属，但是该权属信息多为不具有公信力的第三方主体嵌入，在权利受到侵犯时司法证明力较弱；其三表现在各传统数字版权保护平台对于数字内容的保护各有其不同的规范运作，导致当前的数字版权保护没有统一的标准。

1.2 区块链技术在知识产权方面的应用

1.2.1 区块链的基本概念

区块链技术最早出现在比特币的系统中，比特币的发明人中本聪在他所撰写的报告《比特币：一种点对点电子现金系统》（*Bitcoin：A Peer-to-Peer Electronic Cash System*）中，将区块链描述为用于记录比特币交易的账目历史。比特币系统中的区块链，作为分布式的记账平台，在无中心规范的情况下，一直处于平稳运行状态，记录了海量的交易数据。比特币系统虽然是区块链技术的始祖，也是一个典型的应用，但它并不代表区块链的技术标准，也不能因此局限区块链的应用领域。从技术角度定义的区块链的分类，可以细化为公有链、联盟链和私有链。区块链经过从 1.0 的数字货币时代逐步发展到展望 3.0 的智能社会时代，其适配范围与应用深度得到了空前的提升。

1.2.1.1 区块链的概念定义

自问世以来，区块链以其独有的特质属性与广阔的适配空间，吸引了各方领域的关注与研究，那么，究竟何为"区块链"？如何对其准确定义呢？狭义来讲，区块链是一种以区块为单位产生和存储的数据，并按照时间顺序首尾相连形成链式结构，同时通过密码学保证不可篡改、不可伪造及数据传输访问安全的去中心化分布式账本。从广义来讲，区块链技术是利用块链式数据结构来验证和存储数据，利用分布式节点共识算法来生成和更新数据，利用密码学的方式保证数据传输和访问的安全，利用由自动化脚本代码组成的智能合约来编程和操作数据的一种全新的分布式基础架构与计算范式。

关于区块链的本质，既不能直接认为其是一项单一和单纯的网络技术，也不能简单地将其纳入人工智能的划分范畴。区块链系统的运行是多重技术共力配合的结果集成，其中蕴含了密码学、数学、计算科学、法学、经济学、社会学等众多学科的理论支撑。以技术理性融合法理、伦理、经济规律等价值逻辑，搭建起了一种摆脱中心控制，独立运行，自主验证和存储，以加密算法和时间戳防伪的前后连续且信息关联的诚实数据存储系统。要想深入探寻与解构区块链的本质，就必须要了解区块链的数据基础。区块链的组成单元"区块"是依据线性的时间顺序连接的数据存储模块，包含了所有交互信息的哈希值。区块的主体结构由两部分组成，即区块头和区块体，区块头由区块编号（Block Num）、前一区块哈希值（Previous Hash）、时间戳（Time Stamp）、默克尔根（Merkle Tree Root）组成。区块体记载的是一串数据序列（Taherdoost，2022），每个区块中的区块头都嵌套入上一区块的哈希值，就是这种区块间的紧密连接和环环相扣，完成了区块链基本的物理构造。区块链系统中的"账本"与我们现实生活中的账本作用原理基本一致，都是按照时间顺序和固定格式进行的单向线性流水账式信息记录。随着区块链的发展，账本所记录的内容早已不仅仅局限于数字货币的使用状态，而且已经延伸至各个领域。

区块链技术的去中心化特质使其适应了数字时代发展的价值理念，符合智能时代建设的总目标。其从最初加密数字货币领域的技术初创，逐步渗透与融入到数字时代的各类应用场域，经历了从 1.0 时代逐渐过渡到 2.0 时代，进而展望未来 3.0 时代的历程，要想加深对区块链概念的进一步理解，不妨从其发展历程以及常见的区块链类别着手。

1.2.1.2　区块链的发展历程

（1）区块链 1.0：数字货币。

区块链 1.0 是以比特币为代表的技术初创，其具有以区块为单位的链状分布式存储模式、全网共享账本许可和非对称加密技术安保等技术加持特点。在此种区块链的基础上，搭建出了一个非中心化公开透明的交易记录总账——其数据库由所有节点共同维护，由矿工（Miner）[①] 进行挖矿，[②] 由节点进行验证和投票，没有任何个体能够拥有和控制这个大"账本"。所有节点都可以对这个"账本"进行访问、验证与记载。基于这一技术，以比特币为代表的一系列虚拟货币得以实现并投入应用。目前世界上已经有数百种加密数字货币，其中比特币是最先出现并且是规模最大的，其他的包括莱特币、狗狗币、合约币等。在这些虚拟货币中，虽然每个币种都有其独自的一套交易协议，但它可能有自己独立的区块链或者在比特币的区块链的基础上运行。例如，莱特币基于其自有的协议运行，而其协议又基于

---

① 矿工（Miner）：在区块链网络中，矿工是指通过不断进行哈希运算来求解数学难题并产生工作量证明的各网络节点，通过算力来验证、确认交易并防止双重支付。
② 挖矿（Mining）：挖矿是指利用电脑硬件计算、记录和验证被称为区块链的数字记录信息的过程。矿工通过挖矿求解数学难题从而获得创建新区块的记账权以及区块的比特币奖励，由于其工作原理与矿物开采十分相似，故称之为挖矿。

自有的区块链运行，这意味着它拥有自己独立的非中心化总账。另一些协议，如合约币，它拥有独立的货币体系，但是其没有可供其独立运行的链系，因此，它借助比特币的基建设施（区块链）进行操作和运行，相关信息也会在区块链的总账上进行登记。

（2）区块链2.0：智能合约。

区块链2.0不仅仅是智能合约的延伸与应用，更是"去中心化"机制的进一步演化与发展。除了作为代表的智能合约外，去中心化应用（Dapp）①、去中心化自治组织（DAO）②、去中心化自治企业（DAC）③等都是区块链2.0时代的重要产物。这些去中心化技术的出现标志着区块链行业发展的巨大飞跃。目前智能合约仍处于发展阶段，关于其定义和分类标准有许多不同的看法，且尚未形成统一的观点。但已经有众多的研究机构与先行者着手开始进行有关尝试，开发了一些不同于传统数字货币的区块链新型技术平台。区块链1.0是为了实现数字货币自由交易的去中心化系统，而区块链2.0则是站在更高的角度将整个市场去中心化，并将去中心化的"账本"匹配到更多的资产交易和行为交互活动中。与传统合约需要当事人彼此建立信任与达成合意所不同的是，智能合约的优势在于各方的合约行为无须以信任背书为前提。由于智能合约能够自治、自动与去中心化的特性，使其

---

① 去中心化应用（Decentralized application，Dapp），也有人称为分布式应用，它被认为开启了区块链应用的新时代。Dapp就是在底层区块链平台衍生的各种分布式应用，是区块链世界中的服务提供形式。此种应用的特点包括：①运行在分布式网络上；②参与者信息被安全存储，隐私得到很好的保护；③通过网络节点去中心化操作。一般情况下，符合以上3个条件的应用可以认为是一个Dapp。

② 去中心化组织（Decentralized Autonomous Organization，DAO），中文译字"岛"，是基于区块链核心思想理念（由达成同一个共识的群体自发产生的共创、共建、共治、共享的协同行为）衍生出来的一种组织形态，是区块链解决了人与人之间信任问题之后的附属产物。

③ 去中心化自治公司（Decentralized Autonomous Corporation，DAC），DAO是DAC崛起背后的主要因素，所以DAC是一种使用DAO方法且以更民主、无须信任、去中心化和自治的方式做出公司决策的公司类型。区块链中最早使用DAC类型的是Bitshares，这是一家由Dan Larimer创立的电子商务公司。该协议使消费者和制造商之间的交易无须人工参与。

由代码进行编辑和执行，这一过程全自动且无法干预。智能合约能够调动上述全部类型的数字力量，而且将会随着情境越来越复杂，智能合约将远不止局限在金融领域，而是会投入到更为广阔的社会适配场景。

（3）区块链 3.0：智能社会。

随着区块链技术的不断深入应用与发展，未来其必将深刻地影响和变革传统的生产与生活方式，因此，有学者对区块链未来的远景做出了展望，并称之为区块链 3.0 时代。区块链将不仅仅局限于少数行业的应用，也必将为社会方方面面的变革提供选择。究其根本，区块链的突出作用在于使社会活动摆脱传统中心化平台的操控并据此形成了一套行之有效的开放共识，以及平等包容的运行模式与交互机制。这一过程为实现自由平等、开放包容的法理价值目标和社会治理目标奠定了技术基础和价值铺垫。区块链技术能够从交互方式层面改变现有的活动形态和组织模式，并且能够将现有法理价值通过技术应用带领到更广阔的应用领域。区块链的系统是一种包容性极强的基础架构，在这个基础架构之上既可以添附计算科学、人工智能、大数据分析等数字技术，也可以将社会科学价值与技术科学理论相结合，进而为我们深入认识社会、改造社会、借助技术力量来塑造人类命运共同体提供适配的技术方案。区块链技术与社会科学技术相契合，将来很有可能对社会的结构产生不可估量的深远影响，并成为智能社会的"新基建"工程。最终，区块链技术加持下的智能社会将会促使传统的中心化集权化、信息不对称、交互不对等的社会治理结构向包容开放、平等自由、安全可信的法理型未来秩序转化，通过有效避免传统社会活动中存在的失信、垄断、歧视的失范情况，助力实现以开放、包容、公平、可信为核心的智能社会建设目标。

1.2.1.3 区块链的分类

（1）公有链。

公有链（Public Blockchain）是区块链技术最为理想的运转状态和构建模型，公有链不设置准加入槛，没有准入壁垒，无差别的任何人都可自由加入、参与、验证和记载区块数据信息。区块链上的数据记录公开，所有节点都自行来访问、传播和记录，也都可以基于系统发出交互申请，并通过验证来增加区块链的高度。公有链的共识程序是参与者通过密码学技术共同维护公共区块链数据安全的过程，保障了区块链运行的透明和内容的不可篡改。这种深度分布式的区块链类型，能够很好地保障区块链数据的公开性与节点用户的参与度，便于适配应用的范围性推广。与其他类型的区块链所不同的是，公有链系统完全摒弃了中心化的机构管制，仅依靠事先预设的共识规则和激励机制来维持基本的系统运行。通常来说，公有链上试图保存的数据越有价值，其对传输与保存的安全性要求就越高，公众参与就越频繁与紧密，因此，这种运行模式离不开强大的信任机制与安保体系。在保障透明性的同时也必须保障数据信息的安全性，因此，一些需要兼具两者特性的应用都会优先选择公有链，如加密数字货币系统、慈善募捐系统等。但是，由于公有链环境中，节点的流动性大，数量不定且身份匿名。在这种情况下，保证系统的可靠可信与安全稳定是至关重要的，针对于此，目前的主流方法是通过共识算法、激励或惩罚机制、非对称加密等技术对网络的数据同步与安全提供保障。

（2）联盟链。

联盟链（Consortium Blockchains）是指联盟成员内部拟定好、选择好、筛选好的联盟节点共同组建的区块链网络，这些联盟节点成员往往具备良好的网络连接能力、官方的信用背书和完备的智能配合，共同在如司法存证、版权保护、医疗保障、溯源防伪等某一具体领域共同作用。这种盟内意义上的分布式可被看作是一种"部分去中心化"或"多中心化"的系统。联盟链中存在多中心，不同性质的节点可以设置不同的权限，满足一定条件的节点会发展为核心节点，它们往往是由某个群体内部指定多个预选的节点为记账人，每个区块的生成和上链由节点通过共识机制进行验证和票选决定，其他节点能够根据该区块链的开放式 API61 进行限定数据查询，可以选择加入交互与链接的延续，但是不参与记账与验证。联盟链的本质是分布式的托管记账，如何确定每次记账的节点及联盟链的共识机制则是该类型区块链的运行关键。联盟链的各个节点往往由链下的实体组织联合组成，有一套严格的准入与退出标准。各机构组织组成利益相关或是业务相关的节点联盟，共同维持着联盟链的安全平稳运转。联盟链的用处相较于公有链更为灵活多变、适应力更强，多中心地引入提升了区块链的运行效率，降低了记账成本，部分去中心化的特征使其更容易适配目前的区块链应用程序进程。

（3）私有链。

私有链（Private Blockchain）中的节点有着更为严苛的身份限制，如特定机构的内部员工节点等，数据的访问及使用有严格的门槛要求，完全私有的区块链中写入权限仅在少数的参与节点手里。私有链的系统具有较高的准入标准，节点的加入需要经过严格的身份或能力审核，通常情况下私有链上的节点数量和作用都是有限且明确的，内部权限一般不对外开放。首先，私有链更为高效，由于其规模一般较小，适用范围较窄，同一个组织内往往具备了行之有效的信任生成机制，不需要共识机制与奖励机制的介入。私有链系统在确认时延、写入频率、传播速率、处理效率等方面较公有链和联盟链都有很大的提升，甚至可以达到中心化的数据库运行水平。

其次，私有链具备更好的安全隐私保护效果，其大多运行于组织内部，可以此作为现有企业信息与数据安全的防护屏障系统，相关数据的产生也是内部自产自销，不用担心泄露的风险。相较于传统数据库系统，私有链的最大好处是加强了内部审计监察和纠错自证清白的能力，想要篡改私有链中的区块信息并不容易，即使发生篡改也可以精准地锁定和及时地修正。由于私有链一般不对外开放，并且内部大多存在中心算力或者算力聚集，这就与区块链去中心化和开放性的核心特征相矛盾。所以，相较于公有链和联盟链，对于私有链，学术界并没有进行广泛和深入的研究。

1.2.2　区块链的特征

区块链网络以区块作为基础元素，每个区块数据都被全网广播与记载。区块在生成之时被"烙上"了时间戳，其作用是通过主链连接下一个区块。区块主链记录了所有的交互信息，承担数据存储任务，其间通过运用分布式记账（P2P）网络技术实现去中心化与开放性目的，凭借时间戳服务保障了数据信息的不可篡改与可追溯，以哈希算法去验证数据的真实性与完整性，依靠共识机制促使系统各节点达成共识统一，引入非对称加密技术保障了交互节点匿名与隐私安全。通过诸项子技术的整合，区块链确保数据的安全、真实及涉及主体的可靠性，以技术手段保障了去中心化前提下各个节点主体能够自由、信任、平等、开放地交互。

1.2.2.1　去中心化

去中心化是区块链最重要、最核心的特征，意味着没有中心平台对区块的创设、运行和维护负责，不存在中心化的硬件或管理机构，全网节点的权利义务相同，身份地位平等。区块链是建立在去中心化、P2P 网络基础之上的，不设门槛，任意节点均可自由出入。系统中的数据本质是由全网节点共同维护的。由于每个区块链节点都必须遵循同一规则，而该规则的运行基础是技术理性而非情感信任，不需要权威机构或是第三方中介对此提供信任背书。

在传统的中心化网络中，破坏系统运行的方式和目标都很明确，那就是对中心平台的持续攻击和破坏，攻破中心节点就会使整个系统崩溃瘫痪。然而在区块链这一去中心化的网络系统中，使单个或者少数节点陷入故障是无法达到操控或破坏整个网络的目的的。这种账本备份机制可以防止因任一环节的节点故障而导致的数据丢失，以及恶意节点对单个或少数节点账本的篡改，从而保障信息的真实性和完整性。除非能够拥有算力并同时控制系统中超过 51% 的节点，否则以共识机制、数学科学、密码学等加持的巨大容错空间使少数攻击并不会对区块链网络造成实质性破坏。

传统网络信息的传播大多以大型的中心化平台为依托，如腾讯公司的微信、QQ 平台。这些大的中心平台掌握着信息的监管与推送权力，数据的彻底删除与恢复需要依靠中心平台的技术支持来操作。而区块链的去中心化技术特点将网络中的资源的记账权分派到个体节点的手上，信息的传播、验证和记载都在节点负责，架空了中心平台，增强交互自由度与透明度的同时，相应的管控难度也会随之增加。

1.2.2.2 不可篡改

区块信息一旦经过验证，确认上链后，就会"烙上"时间戳，得到永久保存，通常情况下是无法进行篡改的。除非拥有强大算力，同时操控系统中 51% 以上数量的节点，否则在单个或者少数节点的"账本"上对数据与哈希值的修改不会影响主链的真实性与完整性。数据记载上链后几乎不能改动，区块链的共识算法确保了修改其数据上的极其苛刻的条件，这是正常算力所达不到的能力门槛。

区块链技术通常通过哈希算法将任意的交互数据以二进制的方式换算为 32 字节的 256 位值，以这种统一的模式标记入区块内部。在这种防碰撞的哈希算法后，不同区块所解析出的哈希值是唯一的，区块中任何一处哈希值发生微小的变化，那么其后的区块哈希值和相关数据也会发生翻天覆地的变化。当区块的数据经哈希上链后将永久载入该区块之内，这一过程所涉及的哈希算法可以保障数据处于初始状态，虽然数据可以被查询、被验证，但却无法被破解和修改。区块与区块之间呈现首尾相连、环环相扣的紧密连接样态，这种形态不仅能够保证区块链的完整性，更能在数据验证的时候形成彼此核查验证的对照标准。另外，将其应用于网络意识形态治理中，每条信息的唯一且不可篡改性就可以杜绝恶意节点将破坏行为引入区块链之上。区块链系统是一个靠节点共同维护的总账本，所有交互信息都公开、透明、完整地记录在该账本之上，每笔新的交互信息都会向全网广播，经过节点的验证和确认后，将收到的交易信息进行哈希形成新区块连接到主链上，保障了交互信息的真实性、不可篡改性和可追溯性。

这种信息不可篡改的特性除了依赖共识机制和哈希算法外，时间戳也是一项重要的安保加持，节点在验证时会对标的信息盖上时间戳，提供交易时间证明，这种时间是无法做假的。基于时间的线性单向特点，如果要篡改某个区块的信息，必须要完成所有节点在该区块及之后区块的信息修改。这几乎是不可能完成的，由于修改后的连锁反应剧烈，标的哈希值与原来的哈希值不同，无法形成一致并通过验证，也会使修改行为无效。因此，区块链技术可以应用于存储并公证永久性记录和需要确保信息完整性与真实性的具体应用场景。

1.2.2.3 溯源性

区块链从构成原理上看是一个区块的区块头中包含前一个区块的哈希值，节点根据哈希运算和共识机制不断挖掘和验证下一个区块，一个个区块按照时间顺序排列成链状，称之为区块链。其内部首尾相连，区块环环相扣，无法修改，构成不可篡改性的同时也使其形成了另一特征，即溯源性。

由于区块链系统奉行的是开放的政策，使用的是开源的程序，进行的是深度的参与，所以，链上区块的信息可以被全网节点审核、验证，基于时间的线性特征也可以进行溯源审。溯源性的作用原理可以用默克尔树来进行解释。默克尔树主要由"根节点""干节点"和"叶节点"三部分组成，数据信息通过哈希算法的转换成为唯一的哈希值，它以子节点的形式存储在根节点上，信息间的结合方式是以子节点的两两结合来进行统一安置，储存在区块头之上。由此可见，按照这种树形结构，可以从"叶"开始回溯到"根"，层层紧密连接，展现出了区块链的强大溯源性。

在网络信息爆炸的时代，各种各样的数据信息展现出了复杂的模式与样态，但是区块链却可以凭借哈希指针准确锁定信息源头，一旦出现与"根"信息相悖的情况，顺藤摸瓜，可以第一时间发现异常所在，迅速溯源到问题的源头，及时有效地止损和抢救。此外，对比于传统的网络监管的单一作用形式，区块链的溯源性同样可以保障数据的完整与安全，所以，区块链的溯源性一旦应用于溯源问题的解决和研究将会展现出非常优秀的效果反应。通过密码学，每笔交易与其相邻的区块连接可以对该区块前后的事项进行寻根溯源。并且，区块链系统的数据记录对全网节点而言都是公开透明的，数据记录的更新操作是通过全网进行广播的，这无疑又为溯源性的真实和完整提供了关键助益，使其成为区块链值得被信赖的重要基础。

1.2.2.4 开放性

如上文所述，区块链（公有链）不设门槛，系统处于一种绝对的开放状态，所有的交互信息都以统一的数据形式为所有参与节点共同记载与维护，任何参与节点都可以通过公开的 API 接口查询区块链上的账本信息，因此整个系统呈现出高度的透明性和开放性。

链上的节点处于一种平等的状态，任意一个节点都可以挖掘区块并参与广播和验证。区块链对于节点的加入不设置准入限制，不分地域、不分国别、不分种族，都可以参与并通过区块链系统进行互动。区块链技术以技术理性和数字逻辑为基础，兼具开放性与包容性的特征，摒弃了不同国家地域的文化和经济差异，能够跨越地理距离，在全球范围内建立起一个统一且可行的运行体系。任何参与到区块链运用和治理的机构与个人都可以获得完整账本并参与记录活动。同时，在准入的硬件设施方面，区块链没有较高的门槛要求，由于区块链系统同样依托于互联网，具备网络条件的任何机构和个人都能以自由节点的方式加入该系统。得益于区块链的开放性特质，结合共识机制和加密算法的使用，使整个系统中的节点能够在技术理性和数字逻辑的护持下自由、安全、稳定地进行交互活动、记录信息、验证区块，把对个人情感依赖转变为对技术的数字信任。因此，系统的开放性同样助力了整个技术信任体系的搭建与作用。

1.2.2.5 匿名性

区块链上的节点交互活动不需要第三方节点或是中心平台进行信用背

书，基于技术信任和数字逻辑的信任无须公开身份，系统中的每个参与节点都有权利进行匿名化交互。

参与交互活动的节点仅需通过地址传递信息，即便相关的交互信息被获取也不能据此逆推出交互节点的真实身份，为交互的隐秘性、安全性提供了重要保障。此外，交互所需要的地址也可以不断地进行升级变化，诸如在比特币的交易活动中，交易双方就可以为每一次的交易申请不同的地址，从而进一步保障了交易活动的隐秘性。区块链以技术理性解决了节点间信任的问题，因此交互活动均可在匿名的情况下进行。由于节点之间的信息交换遵循固定且共识一致的运算方法，这其中又有智能合约的自动执行进行保障，所以身份的明确并不是至关重要的。因此，基于算法、密钥、加密技术的多重加持，使区块链上节点之间对真实性身份的硬性要求大大降低，交易双方无须建立情感纽带和核验真实身份，仅凭技术理性和对技术信赖即可让对方产生"数字信任"。

1.2.3　区块链技术在知识产权保护方面的应用实践

在知识产权领域，区块链技术的作用效能主要体现在版权保护上。数字时代，版权作品的创作、认证、传播呈现出数字化、便捷化、快速化的新趋势，各类网络平台、数字媒体的全方位冲击，造成了版权保护困难，侵权成本低廉的现状，成为版权创新的重要阻碍。著作权人的利益无法得到有效保障，严重挫伤了权利人的创作积极性，极大地打击了知识产权创作者的热情。得益于去中心化、防篡改、可追溯、匿名性等特点，区块链技术的引入有望解决数字时代版权保护这一沉疴痼疾，用区块链技术贯穿产权作品从形成到应用的全链条，从而为知识产权的保护开辟一条新路。

传统版权保护方式的短板众多，首先，传统版权保护方式保护效率很低，无法应付现今海量的数字作品保护。数字时代的版权作品具有产量高、易传播、流通快的特点，旧有烦琐的登记审查发布程序已经不能满足网络时代版权保护的需求。其次，传统版权维权难。目前版权行业还沿袭着过去那种通过版权申请、审核、登记的烦琐流程来确认版权所有人，保障作品所有权的方式。这种在纸质印刷时代行之有效的登记确认版权方式，在面对高速、便捷的数字时代的版权问题时弊端频显。流程烦琐、周期长久、成本高昂等问题一直是权利者维权路上的巨大阻碍。最后，前置环节缺乏保护。传统版权登记是从"成品"环节开始，在"成品"之前的环节缺乏保护，无法对作品的全生命周期做到有效保护。在我国，版权"从生到死"的全过程都需要耗费大量的时间与金钱成本，这些确权周期一般需要耗费几年甚至十几年的时间，因此版权登记与确定的时间和经济成本都非常高。综上所述，侵权容易、维权难成为数字时代版权保护首先要解决的难题。长此以往将会导致知识创新者辛苦创新获得的回报还不如不劳而获的盗版者，使创新者失去创新的动力，此消彼长，给国家和社会带来不少的损失。区块链赋能下的知识产权保护模式自其"出生"即上链，由于区块链的不可逆和无法篡改的特性，可以轻松且高效地赋予知识产权保护，在区块链可信环境中运行智能合约，可以自动化地对知识产权作品"烙上"时间戳，自动执行保护条款，跨国界地对知识产权进行自动化保护。

　　目前，区块链于知识产权领域保护应用的实例包括 Mediachain、Blockai、Ujo、Monegraph 等企业平台。这些平台的共同特征与作用流程主要是版权存证、侵权检测与追踪、侵权存证三部分。首先是版权存证。根据作品类型的不同，采用不同的特征提交技术抽取作品的关键特征信息。通过哈希算法计算出存证数据特征的"数字指纹"并载入区块链。将作品原件存入存储服务中。其次是侵权检测与追踪。根据版权作品的内容特性，生成作品的专属特性（"数字指纹"或著作 DNA），并将其在链上进行登记与实时监测，期间对侦测到的侵权行为的标的作品与原作品的数字专属属性进行比照，当相似度达到预先设定的阈值后，系统自动对侵权行为进行初步取证，并持续对其监控和追踪。最后是侵权存证。当系统对侵权行为进行报警并初步取证的同时会将取证结果进行哈希上链，上链后侵权证据会被固化保存且不可篡改，为后续的维权提供强有力的证据支持。

区块链的引入可以使版权保护的每个环节和流程都清晰透明，以"大众的监管"取代了中心化的控制，也可以避免以权谋私、官商勾结的腐败行为。区块链技术为数字版权保护开辟了新的进路，可以极大地节省不必要的确权与维权成本，提高版权保护效率。借助区块链技术赋能的版权保护机制可摆脱地理空间和时间的限制，帮助权利者获得多维度的安全保障。得益于区块链的共识机制，适配的版权保护系统具有很高的容错性，任意一个联盟节点的故障都不足以影响整个版权保护系统的正常运转。另外，便于各方追踪。数字作品的所有者可以把版权的相关信息都存储上链。任何交易行为都能够被追踪和查询，并确保行为的真实有效。这是因为所有的交易都需要非对称加密技术来进行安保，一旦进块上链就不能再进行更改。

第 2 章　基于区块链技术的数字作品管理

2018 年知识付费的兴起带动了更多的企业和个人积极地参与到数字作品（H5、App、软文、游戏 Demo、纸媒、学术文章等）的创造与分享中去。随着文字识别技术和盗版聚合网站的快速发展，个人信息泄露严重、盗版作品增多、版权纠纷不断、原创作品被侵权等弊端涌现出来，极大地损害了原创主体的信息安全和切身利益。目前我国出台了一些用于保护原创作品的 DRM 技术（如 CSS/AACS、Key 2 Audio、Always – Online DRM 等），虽然有一定的保护作用，却很容易被破解甚至演变成商家垄断的工具。所以，盗版侵权现状俨然成为数字作品领域的痛点问题，由数字版权问题引起的纠纷给不同行业带来的损失不容小觑。

而区块链（Blockchain）技术的出现为数字作品管理领域带来了福音，其所具备的去中心化特性是人类进化史上排名第四的里程碑，其价值在于通过在某个时间节点真实地"实现"来建立全球信任，帮助记录保持过去的历史记录，其与互联网的整合可激励全球更多的优秀数字作品传播和分享。区块链所具备的天然特性可以提供高效、便捷、有时间戳、不可篡改的证明，从确权、用权、维权、自主管理四大环节提升数字作品管理业的运行效率。区块链的优点使之适用于诸多领域，据统计，目前被探索出来的区块链解决方案已经超过了 100 多个，2018 年 8 月，我国区块链初创企业数量达到了 766 家（主营业务为区块链产品、服务以及技术和硬件提供方）。从技术可行性及行业渗透率维度来看，区块链技术在数字作品管理领域的应用潜在风险较小，是最快的区块链技术应用落地方向，该技术作为近年来最具革命性的新兴技术之一，可以重构网络舆论环境，并为数字化时代的作品提供强大的、值得信赖的证明。目前市场上出现了一些利用区块链技术进行数字作品版权保护的初创公司，如表 2-1 所示。

表 2-1　国内外区块链数字作品管理平台汇总

地区	公司	成立年份	涉及领域
中国	纸贵科技	2016	版权确权、保护，区块链平台解决方案
	原本	2016	版权认证、保护和交易，证据保全
	亿书	2015	版权认证保护、知识付费、协同创作
	艺链	2017	艺术品数字知识资产转化场所
美国	Binded	2016	版权确权、保护
	Factom	2014	数字作品保护、确权和验证
	Singular DTV	2017	艺术家付费影视权益确权、管理
欧洲	Ascrib	2014	版权确权、保护
	Ujo Music	2015	音乐版权确权、交易

但现实中因标准体系、安全机制、市场环境、法律监管等不健全导致产品良莠不齐，产品功能不稳定、盈利模式不清晰、用户认可度低、融资渠道困难、系统兼容性差等导致安全事件频频发生，仅 2018 年上半年全球

的区块链安全事件就造成了 27 亿美元的损失，所以国内外区块链数字版权保护市场潜力巨大、亟待开发。基于此，本章围绕传统的和基于区块链技术的两种数字作品管理模式，回答了以下问题：

（1）传统的和基于区块链技术的两种数字作品管理模式存在何种差异？能否构建对应的理论模型？

（2）两种数字作品管理模式下原创者和平台方的收益分别是怎样的？基于区块链技术的数字作品管理模式相较传统模式，在何种条件下更优？

2.1　基于区块链技术的数字作品管理理论模型

本节首先分析数字作品管理中的分发模式，其次探究数字作品管理理论模型构建。

2.1.1　数字作品管理中的分发模式

2.1.1.1　传统数字作品管理中的分发模式

在传统的数字作品管理模式下，数字作品原创者由于自身传播渠道的限制，往往会将自己的作品版权售卖给第三方内容作品分发平台，由其代理进行数字作品管理，如图 2-1 所示。最中间的圆环代表数字作品原创者，其会直接将自己作品的使用权和版权卖给第三方的内容分发平台，从这些平台中获取直接收益，而这些平台在获得该作品的版权或使用权之后就会在自己的平台上进行作品传播，用户付费在这些平台下载作品。由于作品传播的过程中会受到盗版作品和第三方内容分发平台的截流，使个人用户或粉丝无法直接从原创者处购买作品的使用权，所以来自网络传播链条上比较靠后的用户无法直接获得最真实的原创作品，同时网络空间中存在的无限潜在用户的利益都将直接流向第三方平台，由图 2-1 可知，直接流向原创者的收益只能局限于数字作品分发链条上比较靠前的用户节点量，其收益来源会受到一定的阻碍。

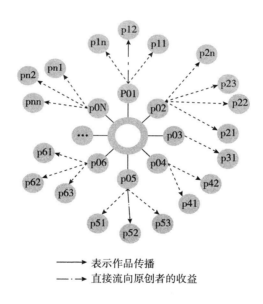

图 2-1　传统数字作品管理中的分发

　　但是，出于商业利益的考虑，这些第三方内容作品分发平台往往会分发多个版本（原创版本和改编版本），用来模糊与原创作品的界限和满足不同消费阶层用户的购买需求。这种数字作品管理方式往往会带来以下三个问题：①模糊原创作品版权。随着分发和传播次数的增多最原始作品被干扰程度就越大，传播渠道后方的用户往往很难获得最初始的原创作品，而且由于版权追踪难度大，末端用户根本无法直接接触到原创者去购买最初始的作品。②潜在购买用户减少。由于网络传播的广泛性以及版权追踪的高难度性，导致原创作品被肆意免费分发而使原创作品的拥有者数量在短时间内剧增，潜在购买用户的数量越来越少。③原创者的利益被第三方内容分发平台吞噬。由于第三方的作品分发平台拥有复杂的作品分发渠道，通过其分发的数字作品产生的收益会直接流向第三方平台，原创者很难得到反馈的真实市场售卖数据，基本无法获得原创作品经多次分发后获得的作品使用权收益，这使原创者的收益大大减少，原创作品大部分收益被第三方平台所截取。

2.1.1.2 基于区块链技术的数字作品管理中的分发模式

在区块链数字作品管理模型中，所有区块链网络中的用户在获得最初原创作品的机会是相等的，用户可以跳过第三方的作品分发平台直接向数字作品原创者购买作品的版权或使用权，同时获得原创作品的用户可以作为新的分发源去传播和分发该作品。这样既能保证用户获得最真实的原创作品，又在一定程度上能扩大原创者的潜在收益。对原创者来说，其潜在购买者数量会随着所购买用户的网络传播效应而扩大，为其作品使用权的收益拓宽了购买渠道。所以在基于区块链技术的数字作品管理模式下原创者不仅有更多的作品自主管理权，而且可以获得更多的直接收益和间接收益。每个用户节点在进入区块链数字作品管理网络后不会离开，会以自身作为新的分发源来参与系统中下一时刻的作品分发，这种传播模式下会进一步扩大原创数字作品的售卖机会，增加原创者的潜在直接收入。基于区块链技术的数字作品管理模式下作品的分发和管理过程如

图 2-2 所示。

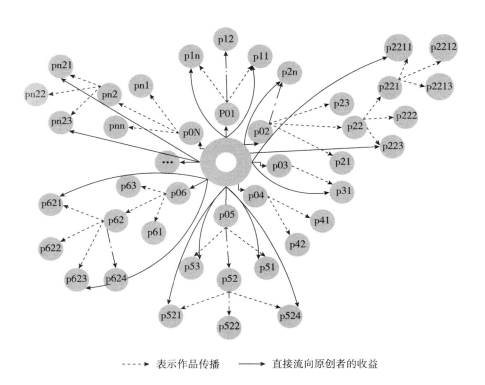

------> 表示作品传播　　——> 直接流向原创者的收益

图 2-2　基于区块链技术的数字作品管理中的作品分发

在图 2-2 中，最中间的圆环代表数字作品原创者，第一圈为最先与原创者发生交易关系的用户节点，第二圈至第 N 圈的用户是以上一圈用户作为新的分发源而传播到的用户节点，这些所有被新的分发源传播到的用户节点都是原创者的潜在购买者，他们可以直接向原创者节点发出版权购买或使用权购买请求，从而获得最真实的原创作品，这样直接流入原创者的收益会随着新的作品分发源的增加而增加。

2.1.2　数字作品管理理论的模型构建

2.1.2.1　传统数字作品管理理论的模型构建

传统的数字作品管理需要到政府挂牌的少数版权交易中心或平台提交版权登记材料，不同的数字作品原创版权认证需要准备的材料不同，审核周期也存在差异，整个申请审核周期一般需要3~6个月。而原创者往往只能从数字作品管理平台中获得一次性版权费用，这些费用远远低于原创者创作时付出的成本，同时平台经常会将原创者的数字作品加工改造，生成多个版本来满足不同星级用户的需求，而这些需求方的付款是直接流向平台的，原创者在得知版权被抄袭侵权后总是以弱势群体的身份与数字作品管理平台相抗衡，由于维权时原创者需要聘请法律团队，由其向国家版权局发出取证申请，在获得相关原创证明后，律师还需要收集和整理一系列有关第三方平台侵权的材料来帮助原创者进行维权，整个过程往往需要高额的律师费用，以及经历漫长的维权过程，这些重重困难往往导致原创者放弃维权。在传统的数字作品管理模式下，原创者对自身作品的控制和管理权较少，自身利益会受到第三方作品管理平台的制约。整个传统数字作品管理理论模型提炼如图2-3所示。

2.1.2.2　基于区块链技术的数字作品管理理论的模型构建

区块链可记录并追踪版权痕迹的全过程，高效地将原创者信息、数字作品版权信息等元数据与时间戳打包存储到区块链上，颠覆了传统的从单节点进入数据中心的数字作品管理模式，实现了快捷的多节点进入模式。

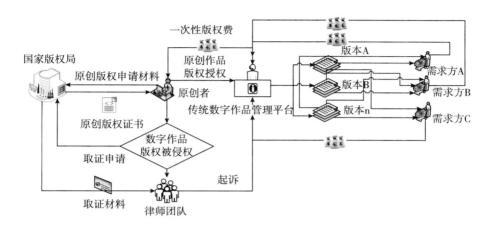

图 2-3　传统数字作品管理理论的模型构建

原创者只需通过拖拽的方式将作品上传至区块链数字作品管理平台，系统会产生一串加密的唯一数字作品字符串，将加盖时间戳的数字版权证书发送给用户作为所有权证明，并全网广播存入数字资产内容库。当出现数字作品版权纠纷时，区块链数字作品管理平台就会进入到数字资产内容库并进行搜索匹配来识别侵权行为。若存在侵权行为，则直接交由律师团队去提供详细的侵权追踪记录明细发给原创者，过程如图 2-4 所示。

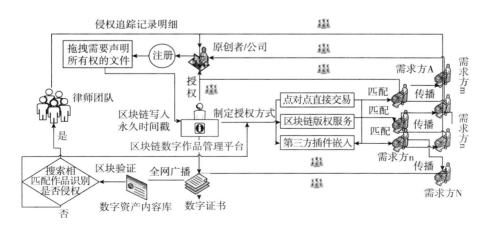

图 2-4　基于区块链技术的数字作品管理理论的模型构建

原创者的作品通过平台自身的数字货币钱包的公钥进行加密后被储存到 Cloud 上，消费者可直接在基于区块链技术的数字作品管理平台上进行购买或者通过 OpenAPI 与区块链数字作品管理平台连接的第三方网站来执行购买行为。整个区块链数字作品管理模型主要由三层架构（见图 2-5）和七大单元构成（见图 2-6）。

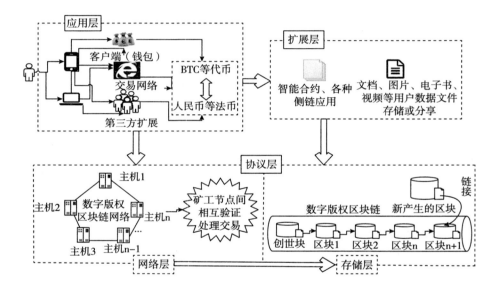

图 2-5　区块链数字作品管理模型底层架构设计

其中，最底层是协议层，其通过存储层和网络层搭建了整个网络交易通道来负责维护网络节点；中间层是扩展层，往往通过分布式存储、机器学习、物联网、大数据等技术以服务端的角色支撑最上层的应用层，主要用来保障区块链产品的实用性。

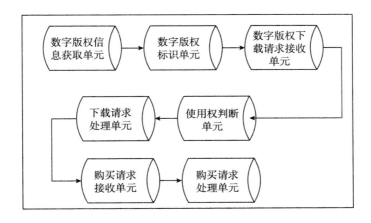

图 2-6　基于区块链技术的数字作品管理系统单元汇总

2.1.2.3　数字作品管理理论模型分析

传统的数字作品管理与基于区块链技术的数字作品管理模型最大的区别在于数字作品的管理和分发逻辑不同。就原创者而言，在传统数字作品管理模式下，其作品的分发更多地依赖于第三方数字作品管理平台，原创者对自己作品的管理能力较弱，作品分发和传播的渠道更多地被第三方平台控制；而在区块链数字作品管理模式下，原创者对数字作品拥有更多的自主管理权，其可以在数字作品管理平台和用户间自由分发和传播原创作品。区块链网络链条中的每一个用户在获得作品后都可以作为一个新的分发源继续分发和传播作品，被分发到的每一个用户都是原创者数字作品的潜在购买用户，由于区块链的可溯源性，所以原创者对自己的作品拥有更多的自主控制权和追踪权，其作品分发到的用户数量相较于传统数字作品管理模式更多（两种模式下的对比如图 2-7 所示），其中虚线框中的部分为基于区块链技术的数字作品管理模式下原创者可以分发和传播到更多的潜在用户节点。

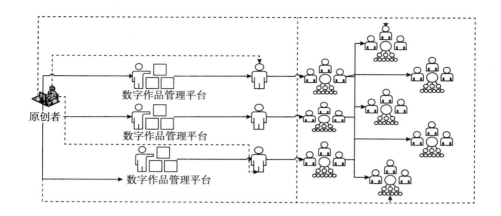

图 2-7 传统和基于区块链技术的数字作品管理理论模型对比

2.2 基于区块链技术的数字作品管理收益模型

上一节对传统和基于区块链技术的数字作品管理理论模型进行了对比分析，厘清了两种数字作品管理模式下作品的分发和传播差异，并从定性的角度构建了传统和基于区块链技术的数字作品管理理论模型。为了探究这两种数字作品管理模式下原创者和平台方的收益差别，本节从定量的角度出发建立了两种数字作品管理中原创者和平台方的收益模型。

2.2.1 模型概述

2.2.1.1 Logistic 增长模型

Logistic 增长模型是一种常用的 S 型函数，既应用于动植物繁殖过程的研究，也广泛应用于社会经济现象研究。该函数的特点是在定义域内单调连续，呈现出先缓慢增长再加速增长到最后逐渐稳定的趋势，能够较好地反映生物种群及人类认知学习过程等，可提高预测准确性，有效缓解数据稀疏性问题（方耀宁等，2014）。而数字作品的分发和传播过程与 Logistic 函数有非常相似之处，无论是在传统的管理模式下还是在基于区块链技术的数字作品管理模式下，所有数字作品的分发均始于初始分发源，起初由于系统中拥有该数字作品的用户节点数较少，作品在特定的传播空间中以较高的速度分发推广，随着时间的推移，系统中拥有该数字作品的用户节点数量越来越多，作品分发速度受到系统容量的制约而不断下降，直至分发到初始分发源所能传播到的最大分发上限，也称为数字作品最大用户节点数量。所以为了更好地探究传统和基于区块链技术的数字作品管理模式下原创者和平台方的收益模型，本章在传统 Logistic 增长模型的基础上引入网络传播速率和交易平均协商价格两个变量，从数字作品管理链条上相关利益方盈利的角度出发来刻画数字作品管理的收益曲线。Logistic 增长函数的计算公式如下：

$$p(t) = \frac{e^{rt} k p_0}{k + p_0 (e^{rt} - 1)}$$

其中，$p(t)$ 表示 t 时刻该空间所拥有的种群数量，p_0 表示种群的初始值，k 表示该空间下所能拥有的最大种群数量，r 用来衡量曲线变化的快慢，t 表示时间。为得到平衡状态，仅需对该方程求导，有 $\dfrac{dp}{dt} = \dfrac{rp(k-p)}{k}$，令其等于 0，可得均衡解：$p = 0$ 或 $p = k$。当 $0 < p < k$ 时，$\dfrac{dp}{dt} > 0$；当 $p > k$ 时，$\dfrac{dp}{dt} < 0$；故 $p = k$ 是全局稳定状态，当 $p = \dfrac{k}{2}$ 时，种群的繁衍速度达到最大值。在 Matlab

中输入代码(详见附件 A)模拟出函数 $p(t)$ 的变化，如图 2-8 所示。

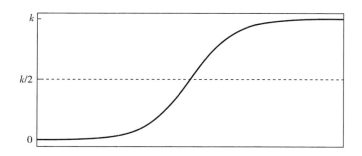

图 2-8　函数 Logistic 模型基本曲线

2.2.1.2　原创者的收益模型概述

原创者的收益主要取决于其作品分发的数量，作品被分发和传播到的用户节点数越多，原创者获得的直接或间接收益也就越多。数字作品的分发与传播过程和 Logistic 增长理论有非常相似之处，都是从最初始的原创作品源进入到一个新的作品分发网络中，由于起初系统中拥有该数字作品的用户节点数远远小于网络系统的最大容纳量，所以作品的分发速率不会受到外部网络环境的影响，原创作品的分发速度就会很快，且在短时间内去触达网络系统中的其他用户节点；当所传播到的用户数量达到一定的量级后就会受到环境资源的制约，加上盗版作品传播、第三方的作品分发平台截流等，作品分发速度就会不断下降，直至保持一个网络环境所能分发到的最大用户数量。为了探究传统和基于区块链技术的数字作品管理两种模式下原创者的收益情况，本章在原始 Logistic 增长模型的基础上引入两个变量：r 表示扩展速度，用来衡量数字作品的网络传播速率，p 表示原创者发布式定价和协商式定价收益相等时的定制化水平无差异点（阈值点）（刘征驰等，2018），用来衡量每个原创节点与其作品分发到的每一个用户节点之间产生的每笔交易的平均协商价格，用构成的新的收益曲线去分别模拟传统和基于区块链技术的数字作品管理模式下原创者的收益情况。

2.2.1.3　平台方的收益模型概述

数字作品管理平台通过为原创者提供作品版权鉴定、版权咨询、网络维权等一系列服务来帮助原创者更好地管理自己的原创数字作品，通过为用户（内容需求方）提供丰富的原创内容库来方便作品下载和购买，数字作品管理平台可谓搭建起原创者与用户之间沟通的桥梁。该类平台往往通过收取一些广告费、会员费、特色服务费、技术解决方案服务费等来实现平台的盈利，成本主要来源于平台搭建成本、人力成本、平台管理成本等。为了更清楚地了解传统数字作品管理平台和基于区块链技术的数字作品管理平台的具体盈利和支出情况，笔者经过整理将收支具体情况汇总成表，如表 2-2 所示。

表 2-2　传统和区块链数字作品管理平台收支对比

收支指标	传统数字作品管理平台	基于区块链技术的数字作品管理平台
广告费	在平台上投放广告时所付费用	
手续费	每一笔交易平台收取的手续费	
服务费	原创者服务费+用户会员费	原创者服务费+用户会员费+技术解决方案费+API 接口嵌入区块链平台费
搭建平台费	搭建传统数字作品管理平台费用	搭建区块链数字作品管理平台费用
人力资源费	平台工作人员的工资等费用	
管理费	平台进行正常运营需要的管理费	

由表 2-2 可以看出，传统数字作品管理平台和基于区块链技术的数字作品管理平台虽然在具体收费方面会由于各家公司的发展策略和平台运营方式的不同存在差异，但是两个平台的收入来源主要分为广告费（Advertising Fee）、数字作品交易时产生的手续费（Formalities Fee）和平台服务费（Service Fee），支出主要分为平台搭建成本（Platform Fee）、人力资源费（Human Resource Fee）和管理费（Management Fee）。由于人力资源费和管理费不同的公司存在较大的差异，本章主要是想探究数字作品管理平台收益与原创者数量之间的关系，所以在计算平台支出时只考虑平台的搭建成本。由于不同的数字作品管理平台其作品分发逻辑不同，当平台中原创者的数量相同时，不同类型的平台需要的系统承载量不同，所产生的收入和成本就存在差别。当数字作品管理平台中拥有的原创者数量越多，平台需要的系统承载量就越大，系统中发生数字作品交易的节点数就越多，平台从中收取的手续费和广告费就会越多；同时原创者和用户（作品需求者）对服务的需求越旺盛，这样平台就可以通过提供更多的服务来获得更多的收益；但是当平台需要的系统承载量越大时，系统的负荷就越重，平台建设和维护成本就会越高。所以为了更好地计算传统和基于区块链技术的数字作品管理中平台方的收益，本章基于数字作品经济分析理论从收入—成本的角度来分别探究两种数字作品管理模式下的收益函数与系统中原创者数量之间的关系，本章用 $W_1(n)$ 和 $W_2(n)$ 分别表示传统数字作品管理平台和基于区块链技术的数字作品管理中平台方的收益函数。

2.2.2　相关假设与变量含义

2.2.2.1　原创者收益模型中相关假设与变量含义

（1）假设条件。

为了量化地研究原创者在基于区块链技术的数字作品管理平台下的收益情况，本章在基于 Logistic 增长模型的基础上提出以下五个假设：

假设 1：每个参与作品分发的用户源个体是均匀分布且相互独立的。

假设 2：传播网络中的每个节点得到原创数字作品的机会均等。

假设 3：参与分发的用户不会重复获得数字作品。

假设 4：用户节点源总数是固定的，不会因为外界环境而发生改变。

假设 5：数字作品的分发需要一个过程（在区块链里也即挖矿过程）。

（2）变量含义。

r_1 表示传统数字作品管理模式下原创作品在网络中的传播速率；r_2 表示区块链数字作品管理模式下原创作品的网络传播速率（其中 r_1 和 r_2 均大于 0）；t 表示时间；K 表示一个原创节点所能分发到的最大用户节点数（$K>0$）；H 表示每个新的分发源所能分发到的最大作品量；σ 表示内容需求方在获得数字作品再次转播分发权限时，对原创节点的影响程度；$\dfrac{1}{\beta}$ 表示分发一个数字作品给新的用户节点的平均间隔时间。区块链系统中每一个节点都可能成为新的分发源，以排队论系统中的负指数分布形式进行作品分发和传播，本章将其定义为每个新分发源的分布密度函数 $M(t)$（服从负指数分布）；P 表示每个原创节点与其作品分发到的每一个用户节点之间产生的每笔交易平均协商价格；$N_1(t)$表示传统数字作品管理模式下t时刻拥有该作品的节点总数；$N_2(t)$表示区块链数字作品管理模式下t时刻拥有该数字作品的用户累计数量。

2.2.2.2 平台方收益模型中相关假设与变量含义

（1）假设条件。

为了探究传统数字作品管理平台和基于区块链技术的数字作品管理模式下平台方的收益模型，本章从效用的角度出发，给出以下假设：

假设1：数字作品管理平台对原创者和内容消费者两种用户群体制定的价格水平和价格结构不会受到原创者和内容消费者各自的网络外部性的影响。

假设2：用户人数也即系统所需的承载量，包含所有原创者和内容需求者的数量。

假设3：数字作品管理平台为原创者和内容需求者提供搜索配对技术，平台搜索配对能力的大小不会直接影响原创者和内容需求者之间的交易数量。

（2）变量含义。

假设系统中有n个原创者，系统承载量表示Q，则数字作品管理系统中就有$(Q-n)$个内容需求者，w_1表示单位节点收取的广告费，w_2表示单笔交易按照一定比例平均收取的手续费，w_3表示单位节点平均收取的服务费，w_4表示边际基础设施平台搭建成本。λ_n和λ_{Q-n}分别表示数字作品管理模型中原创者和内容需求者的网络外部性参数，U_n和U_{Q-n}分别表示原创者和内容需求者各自的预期收益，π表示平台方的期望收益，λ表示双方搜索到合适交易对象的概率（其中$0<\lambda<1$），P表示每笔交易的平均协商价格，E_n表

示数字作品管理平台对每个原创者收取的广告费，E_{Q-n} 表示数字作品管理平台对每个内容需求者收取的广告费。假设内容需求者的支付意愿为 m，原创者的机会成本为 c，数字作品管理系统中原创作品的平均价格为 f，f_0 为原创者和内容需求方最终达成交易的成交价格，$U(m)$ 和 $U(c)$ 分别为内容需求者和原创者的效用。则 $U(m)=m-f$，只有在 $U(m)>0$ 时内容需求者才会购买，$U(c)=f-c$，也只有在 $U(c)>0$ 时原创者才会售卖作品。

2.2.3　模型建立

2.2.3.1　原创者的收益模型建立

（1）传统数字作品管理中原创者的收益模型建立。

在传统数字作品管理模式下，$N_1(t)$ 表示 t 时刻拥有原创作品的节点总数，则一个原创者与其作品分发到的用户节点之间在 t 时刻共发生 $(N_1(t)-1)$ 笔作品交易，P 表示每笔交易的平均协商价格，则直接流向原创者的收益 $R_1(t)$ 为：

$$R_1(t)=P(N_1(t)-1) \tag{2-1}$$

由（2-1）式可看出，原创者的收益与 t 时刻拥有原创作品的节点总数呈正相关关系，则 t 时刻数字作品管理系统中潜在内容需求方节点数就可以用该时刻的数字作品有效分发速度来表示：

$$\frac{\partial R_1(t)}{\partial t}=P\frac{\partial N_1(t)}{\partial t}\text{和}\frac{\partial N_1(t)}{\partial t}=r_1 N_1(t)\left(1-\frac{N_1(t)}{K}\right) \tag{2-2}$$

其中，$\dfrac{N_1(t)}{K}$ 表示 t 时刻拥有该作品的用户节点比例；$\dfrac{K-N_1(t)}{K}$ 表示 t 时

刻潜在内容需求方的节点比例，$r_1 N_1(t)$ 表示 t 时刻该数字作品的传播节点数，则 $\dfrac{r_1 N_1(t)(K-N_1(t))}{K}$ 表示 t 时刻潜在购买用户节点数。根据 Logistic 增长模型可得，t 时刻拥有原创作品的节点总数为：

$$N_1(t)=\frac{KP_0 e^{r_1 t}}{K+P_0(e^{r_1 t}-1)} \tag{2-3}$$

为了探究函数 $N_1(t)$ 的变化规律，需要进行如下推理：

$$\frac{\partial^2 N_1(t)}{\partial t^2}=r_1\frac{\partial N_1(t)}{\partial t}-r_1\frac{\partial N_1(t)}{\partial t}\frac{N_1(t)}{K}-\frac{1}{K}r_1 N_1(t)\frac{\partial N_1(t)}{\partial t}=r_1\frac{\partial N_1(t)}{\partial t}\left[1-\frac{2N_1(t)}{K}\right]$$

$$\tag{2-4}$$

由式（2-4）可知，对于函数 $N_1(t)$ 来说，在 $\left(0,\dfrac{k}{2}\right)$ 内该函数的增长率越来越大；在 $N_1(t)=\dfrac{k}{2}$ 时增长率达到最大；在 $\left(\dfrac{k}{2},\infty\right)$ 时增长率会逐渐变小，曲线越来越平缓最终趋于不变。对于 $R_1(t)$ 函数来说，在 $\left(0,\dfrac{kp}{2}\right)$ 时该函数的增长率越来越大，说明原创者的收益在该区间内随着时间的增加而快速增加；在 $\left(\dfrac{kp}{2},kp\right)$ 内该函数的增长率越来越小最终趋于不变，即在该区间内原创者的收益增速放缓。

（2）基于区块链技术的数字作品管理中原创者的收益模型。

在区块链数字作品管理模式下，$N_2(t)$ 表示 t 时刻拥有原创作品的节点总数，则一个原创者与其作品分发到的用户节点在 t 时刻共发生 $(N_2(t)-1)$ 笔作品交易，P 表示每笔交易的平均协商价格，则直接流向原创者的收益 $R_2(t)$ 为：

$$R_2(t)=P(N_2(t)-1) \tag{2-5}$$

由式（2-5）可看出，原创者的收益与 t 时刻拥有原创作品的节点总数呈正相关关系，每个新分发源的分布密度函数 $M(t)=\beta e^{-\beta t}(t\geqslant 0)$，由于其服从负指数分布，所以 $E[M(t)]=\dfrac{1}{\beta}$ 和 $D[M(t)]=\dfrac{1}{\beta^2}$。则 t 时刻数字作品管理系统中潜在内容需求方节点数就可以用此时刻的数字作品有效分发速度来表示：

$$\frac{\partial R_2(t)}{\partial t}=P\frac{\partial N_2(t)}{\partial t}\text{和}\frac{\partial N_2(t)}{\partial t}=r_2 N_2(t)\left(\frac{K-N_2(t)}{K}+\frac{\sigma M(t)}{H}\right) \tag{2-6}$$

其中，$\dfrac{N_2(t)}{K}$ 为 t 时刻作品拥有节点比例；$\dfrac{K-N_2(t)}{K}$ 表示 t 时刻有需求但没有得到作品的用户节点比例；$\dfrac{M(t)}{H}$ 表示在购买者作为新的数字作品分发源时其成功分发作品的节点数占其所能传播数字作品的最大数量的比例（即新的分发源所能刺激的潜在购买节点用户数比例）；$\dfrac{\sigma M(t)}{H}$ 表示新分发源所影响的用户成为原创作品购买者的比例。则 $\left(\dfrac{K-N_2(t)}{K}+\dfrac{\sigma M(t)}{H}\right)$ 表示经过网络传播和新分发源节点传播一共产生的潜在购买用户（即有需求但没有得到原创作品的用户）节点数比例；$r_2 N_2(t)$ 表示 t 时刻该数字作品的传播节点数；$r_2 N_2(t)\left(\dfrac{K-N_2(t)}{K}+\dfrac{\sigma M(t)}{H}\right)$ 表示 t 时刻潜在购买用户节点数。为了探究函数 $N_2(t)$ 的变化规律，需要进行如下推理：

$$\frac{\partial^2 N_2(t)}{\partial t^2}=r_2\frac{\partial N_2(t)}{\partial t}\left[\frac{K-2N_2(t)}{K}+\frac{\sigma}{\beta H}\right] \tag{2-7}$$

式（2-7）可知，在 $\left(0,\dfrac{K(\beta H+\sigma)}{2\beta H}\right]$ 内函数 $N_2(t)$ 的增长率越来越大，曲线

越来越陡；在 $\left(\dfrac{K(\beta H+\sigma)}{2\beta H}, \dfrac{K(\beta H+\sigma)}{\beta H}\right]$ 内增长率会逐渐变小，曲线越来越平缓最终趋于不变。就 $R_2(t)$ 函数而言：在 $\left(0, \dfrac{P(K(\beta H+\sigma))}{2\beta H}\right]$ 内该函数的增长率越来越大，意味原创者的收益在该区间内随着时间的增加而快速增加；在 $\left(\dfrac{P(K(\beta H+\sigma))}{2\beta H}, \dfrac{P(K(\beta H+\sigma))}{\beta H}\right]$ 内该函数的增长率越来越小最终趋于不变，即在该区间内原创者的收益增速放缓。

2.2.3.2 平台方收益模型中相关假设与变量含义

由于传统和基于区块链技术的数字作品管理平台中作品的分发逻辑不同，所以平台需要的系统承载量是存在差异的。假设系统中有 n 个原创者，则传统和基于区块链技术的数字作品管理平台需要的系统承载量分别为 Q_1 和 Q_2，由有关原创者收益函数的计算可知，Q_1 和 Q_2 均为系统中原创者数量的函数，分别表示如下：

$$Q_1 = \max\{n + n(N_1(t))\} = n(1+K) \text{ 和 } Q_2 = \max\{n + n(N_2(t))\} = n\left(1 + K + \sigma\dfrac{K}{\beta H}\right)$$

$$(2-8)$$

系统需要的承载量不同，往往使平台获得的收入和产生的成本存在差异，所以为了更好地探究不同数字作品管理模式下平台方的收益与原创者数量之间的关系，本章将从原创者、内容需求者和数字作品管理平台三方的效用角度出发来分别进行广告费、手续费、服务费和平台搭建成本的估算。

（1）数字作品管理模型中广告费的估算。

传统数字作品管理平台和基于区块链技术的数字作品管理平台收取的广告费均由两部分组成：向原创者收取的广告费和向内容需求方收取的广

告费，当原创者数量为 n 时，传统数字作品管理平台可以向 Q_1 个用户节点收取广告费，基于区块链技术的数字作品管理平台可以向 Q_2 个用户节点收取广告费，为了方便探究广告费与原创者数量 n 的关系，本章用 Q 表示数字作品管理平台需要的系统承载量，E_n 和 E_{Q-n} 分别表示数字作品管理平台向每个原创者和内容需求方收取的广告费，λ 表示双方搜索到合适交易对象的概率（其中，$0<\lambda<1$），P 表示每笔交易的平均协商价格。则内容需求者的预期收益表示为：

$$U_{Q-n}=\lambda_{Q-n}n+\lambda P-E_{Q-n} \text{ 和 } E_{Q-n}=\lambda_{Q-n}n+\lambda P-U_{Q-n} \tag{2-9}$$

同理，可得原创者的预期收益分别为：

$$U_n=\lambda_n(Q-n)+\lambda P-E_n \text{ 和 } E_n=\lambda_n(Q-n)+\lambda P-U_n \tag{2-10}$$

平台方的期望收益为：

$$\prod = E_{Q-n}(Q-n)+E_n n = \lambda_{Q-n}Qn-n^2\lambda_{Q-n}+\lambda PQ-QU_{Q-n}+$$
$$\lambda_n n(Q-n)+\lambda P-nU_n \tag{2-11}$$

由式（2-11）可以看出，数字作品管理平台方的收益是 U_{Q-n} 的函数和 U_n 的函数，为了探究平台方的期望收益规律就需要分别对函数 U_{Q-n} 和 U_n 求偏导，可得：

$$U_{Q-n}=\lambda_n n+\lambda_{Q-n}n+\lambda P-1 \text{ 和 } U_n=\lambda_{Q-n}(Q-n)+\lambda_n(Q-n)+\lambda P-1 \tag{2-12}$$

$$E_{Q-n}=1-\lambda_n n \text{ 和 } E_n=1-\lambda_{Q-n}(Q-n) \tag{2-13}$$

由上式可得，当 $\lambda_n=\lambda_{Q-n}$ 时，即原创者和内容需求方双方搜索到合适交易对象的概率相等时，数字作品管理平台向原创者和内容需求者分别收取的广告费 E_{Q-n} 和 E_n，都是原创者数量 n 的函数，由于广告费的核算受很多因素的影响，而本章只是想探究广告费和原创者数量之间的关系，所以在不考虑其他因素影响的条件下假设两种数字作品管理平台所收取的总广告费是均摊到每一个用户节点的，用 w_1 表示单位节点平均收取的广告费，当

系统中有 n 个原创者时，传统数字作品管理平台和基于区块链技术的数字作品管理平台分别收取的总广告费为：

$$w_1 n(1+K) \text{ 和 } w_1 n\left(1+K+\sigma\frac{K}{\beta H}\right)$$

（2）数字作品管理模型中手续费的估算。

传统数字作品管理平台和基于区块链技术的数字作品管理平台通过为原创者和内容需求者提供服务而分别向双方收取一定的手续费，为了方便探究手续费与原创者数量 n 的关系，本章从原创者、内容需求者和数字作品管理平台三者的效用角度出发，用 F_n 和 F_{Q-n} 分别表示数字作品管理平台向每个原创者和内容需求方收取的手续费，P 表示每笔交易的平均协商价格，λ 表示双方搜索到合适交易对象的概率。则内容需求方和原创者的预期收益分别为：

$$U_{Q-n}=\lambda_{Q-n}n+(P-F_{Q-n})\lambda \text{ 和 } U_n=\lambda_n(Q-n)+(P-F_n)\lambda \tag{2-14}$$

则数字作品管理平台向内容需求者和原创者收取的手续费分别为：

$$F_{Q-n}=\frac{\lambda_{Q-n}n}{\lambda}+P-\frac{U_{Q-n}}{\lambda} \text{ 和 } F_n=\frac{\lambda_n(Q-n)}{\lambda}+P-\frac{U_n}{\lambda} \tag{2-15}$$

则数字作品管理平台从原创者和内容需求方共获得的期望收益为：

$$\pi=\frac{1}{2}\left((\lambda_{Q-n}n+\lambda P-U_{Q-n})(Q-n)+n(\lambda_n(Q-n)+\lambda P-U_n)\right) \tag{2-16}$$

由式（2-16）可知，数字作品管理平台的期望收益是关于 U_n 的函数和 U_{Q-n} 的函数，为了探究出平台利润的变化情况就需要分别对变量 U_n 和 U_{Q-n} 求偏导，可得：

$$U_{Q-n}=\lambda_{Q-n}n+P\lambda-1+\lambda_n n \text{ 和 } U_n=\lambda_n(Q-n)+P\lambda-1+\lambda_{Q-n}(Q-n) \tag{2-17}$$

则数字作品管理平台向内容需求者和原创者分别收取的手续费表示如下：

$$
\begin{cases}
F_{Q-n} = \dfrac{\lambda_{Q-n}n}{\lambda} + P - \dfrac{\lambda_{Q-n}n}{\lambda} - P + \dfrac{1}{\lambda} - \dfrac{\lambda_n n}{\lambda} = \dfrac{1-\lambda_n n}{\lambda} \\[4mm]
F_n = \dfrac{\lambda_n(Q-n)}{\lambda} - \dfrac{\lambda_n(Q-n)}{\lambda} + \dfrac{1}{\lambda} - \dfrac{\lambda_{Q-n}(Q-n)}{\lambda} = \dfrac{1-\lambda_{Q-n}(Q-n)}{\lambda}
\end{cases}
\qquad (2-18)
$$

由式（2-18）可知，当 $\lambda_n = \lambda_{Q-n}$ 时，即原创者和内容需求方双方搜索到合适交易对象的概率相等时，数字作品管理平台向原创者和内容需求者分别收取的手续费 F_{Q-n} 和 F_n 都是原创者数量 n 的函数，由于手续费的核算受很多因素的影响，而本章只是想探究广告费和原创者数量之间的关系，所以在不考虑其他影响因素的条件下假设两种数字作品管理平台所收取的总手续费是均摊到每笔交易的，用 w_2 表示每笔交易收取的手续费，则当原创者数量为 n 时传统数字作品管理平台收取的总手续费为：

$$
\frac{w_2 n(1+K)(n+nK-1)}{2}
$$

基于区块链技术的数字作品管理平台收取的总手续费为：

$$
\frac{w_2 n\left(1+K+\sigma\dfrac{K}{\beta H}\right)\left(n+nK+\sigma\dfrac{K}{\beta H}-1\right)}{2}
$$

（3）数字作品管理模型中服务费的估算。

传统数字作品管理平台和基于区块链技术的数字作品管理平台会根据原创者和内容需求方的作品交易情况而收取一定的服务费，一般情况下平台会按照两种方式（分别向双方收取或分别按照一定比例）收取服务费。为了方便探究服务费与原创者数量 n 的关系，本章从博弈论中的纳什讨价还价策略去求取原创者和内容需求者之间的效用解。分为如下两种情况讨论：

情况一：数字作品管理平台分别向原创者和内容需求者收取一定的服务费。

假设数字作品管理平台向内容需求方和原创者收取的服务费分别为 a 和 b，则内容需求方和原创者的效用函数可以分别表示如下：

$$U(m)=m-f_0-a>0 \text{ 和 } U(c)=f_0-c-b>0 \qquad (2\text{-}19)$$

双方在平台中采取纳什讨价还价策略，则满足纳什讨价还价解的价格是使 $(m-f_0-a)(f_0-c-b)$ 最大化的唯一效用解，这个最大化目标被称为纳什积（它是连续且严格拟凹的）（Nash，1950；阿伯西内，2005），则均衡价格为：

$$f_0=\frac{m+c+b-a}{2} \qquad (2\text{-}20)$$

此时，内容需求方和原创者的效用分别为：

$$m-f_0-a=\frac{m-c-b-a}{2} \text{和} f_0-c-b=\frac{m-c-b-a}{2} \qquad (2\text{-}21)$$

则数字作品管理平台向原创者和内容需求方收取的服务费总额为：

$$a+b+\frac{m-c-b-a}{2}+\frac{m-c-b-a}{2}=m-c \qquad (2\text{-}22)$$

情况二：数字作品管理平台向原创者和内容需求者按照一定比例收取服务费。

假设数字作品管理平台共收取的服务费为 e。其中，收取原创者服务费占比为 $g(0<g<1)$，则数字作品管理平台收取原创者服务费为 ge，内容需求者为 $(1-g)e$，则内容需求者的效用和原创者的效用分别为：

$$U(m)=m-f_0-(1-g)e>0 \text{ 和 } U(c)=f_0-c-ge>0 \qquad (2\text{-}23)$$

满足纳什均衡的价格是使 $(f_0-c-ge)(m-f_0-(1-g)e)$ 最大化的唯一解，则均衡价格为：

$$f_0=\frac{m+c+ge-(1-g)e}{2} \qquad (2\text{-}24)$$

此时内容需求方和原创者的效用分别为:

$$m - f_0 - (1-g)e = \frac{m-c-e}{2} \text{和} f_0 - c - ge = \frac{m-c-e}{2} \qquad (2\text{-}25)$$

则数字作品管理平台向原创者和内容需求方共收取的服务费为:

$$e + \frac{m-c-e}{2} + \frac{m-c-e}{2} = m - c \qquad (2\text{-}26)$$

由上式可知,数字作品管理平台收取的服务费与平台所采取的收费方式和收费价格无关,平台最终收取的总服务费是原创者数量 n 的函数,其对于在原创者和内容需求者之间分配全部的服务费是不敏感的,平台收取的服务费是均分到系统中的每个用户节点的。用 w_3 表示平台向单位节点平均收取的服务费,假设平均每个节点都需要一次服务,则当系统中有 n 个原创者时传统数字作品管理平台和基于区块链技术的数字作品管理平台收取的服务费分别为:

$$w_3 n (1+K) \text{和} w_3 n \left(1 + K + \sigma \frac{K}{\beta H} \right)$$

(4) 数字作品管理模型中平台方的收益模型。

数字作品管理平台的搭建成本是一个非常复杂的工程,因为会涉及很多因素,比如电费、系统服务器费、设备费等,而传统数字作品管理平台和基于区块链技术的数字作品管理平台其搭建成本存在较大差别,是一个比较难量化的变量,所以本章参考前人有关网络平台搭建成本计算的思路,引入两个变量 w_4 和 w'_4 来分别表示传统数字作品管理平台和基于区块链技术的数字作品管理平台的边际基础设施平台搭建成本。由于系统中的每个节点之间都是互联的,在平台系统建设阶段各个节点需要共同承担总成本,所以当系统中原创者的数量为 n 时,传统数字作品管理平台的搭建成本和基于区块链技术的数字作品管理平台的搭建成本分别为:

$$\frac{w_4}{2}n^2(1+K)^2 \quad \text{和} \quad \frac{w'_4}{2}n^2\left(1+K+\sigma\frac{K}{\beta H}\right)^2$$

由前文分析可以得到传统数字作品管理平台的收益函数 $W_1(n)$ 为：

$$W_1(n)=n(1+K)\left[w_1+w_3-\frac{w_2}{2}+\frac{n(w_2-w_4)(1+K)}{2}\right] \qquad (2-27)$$

基于区块链技术的数字作品管理平台的收益函数 $W_2(n)$ 为：

$$W_2(n)=n\left(1+K+\frac{\sigma K}{\beta H}\right)\left[w_1+w_3-\frac{w_2}{2}+\frac{n(w_2-w_4)}{2}\left(1+K+\frac{\sigma K}{\beta H}\right)\right] \qquad (2-28)$$

2.3 比较分析

2.3.1 传统数字作品管理模型中原创者的收益数值仿真

为了更直观地呈现出 $N_1(t)$ 函数的变化，在 Matlab 中输入命令，选取 t 的步长为 0.01，调取 2925 条数据来拟合该曲线，函数 $N_1(t)$ 的变化图像如图 2-9 所示。

由图 2-9 中可以看出，数字作品的分发经历了五个阶段：①开始期：数字作品进入到一个新的分发源，认知范围比较小、传播速度慢；②加速期：随着作品的宣传力度加大，网络将作品消息扩散至更多的用户，分发速度加快；③转折期：数字作品的持有者数量为 $\frac{K}{2}$ 时，数字作品分发速率达到最快；④减速期：数字作品分发进入疲软期；⑤饱和期：数字作品的

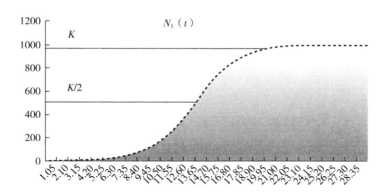

图 2-9 传统数字作品管理模式下的作品分发曲线

持有者达到 K 值而饱和（相关数据源见附录 B）。

相应地，传统数字作品管理平台中函数 $N_1(t)$ 个均衡点为 $N_1(t) = 0$ 和 $N_1(t) = K$，经过计算可知，均衡状态 $N_1(t) = K$ 是全局稳定的。由此可以得到如下结论：当 $t \rightarrow \infty$ 时，$N_1(t) \rightarrow K$。为了探究不同的网络传播速率下的 $N_1(t)$ 曲线变律，笔者设定了 4 种 r_1 的数值，共调取 11700 条数据来拟合曲线，不同 r_1 下的 $N_1(t)$ 的均衡变化曲线如图 2-10 所示（相关数据源见附录 C）。

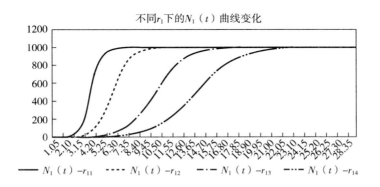

图 2-10 不同网络传播速率下的数字作品分发均衡曲线

从图 2-10 中可以看出，在传统的数字作品管理模式下，不同的网络传播速率中每个原创节点能分发到的最大用户节点数均为 K，原创者在自身能分发到的用户节点数为 K 时取得最大收益：$\max\{R_1(t)\} = P(K-1)$，其中网络传播速率 r_1 越大，$N_1(t)$ 趋向于平衡状态的时间越短，原创者越能在短时间内获得最大收益。这也解释了为什么传统数字作品管理模型下，第三方的内容分发平台往往抛开原创者，而是在以自己为中心的作品分发系统通过广泛的传播渠道去分发作品，从而在短时间内获取最大的利益。所以在传统数字作品管理模式下，原创者只能接触到数字作品分发链条上比较靠前的用户节点，数字作品的传播和分发过程不能实现人性化管理。

2.3.2 区块链数字作品管理模型中原创者的收益数值仿真

为了更直观地展示出 $N_2(t)$ 函数的变化，本章设置 t 的步长为 0.01，调取 2961 条数据来模拟 $N_2(t)$ 曲线，其具体变化曲线如图 2-11 所示（相关数据源见附录 D）。

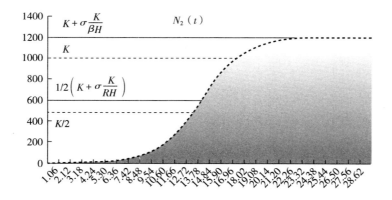

图 2-11 区块链数字作品管理模式下的作品分发曲线

在基于区块链技术的数字作品管理模型中函数 $N_2(t)$ 的均衡状态为 $\dfrac{\partial N_2(t)}{\partial t}=0$，则得到两个均衡点：$N_2(t)=0$ 或者 $N_2(t)=\dfrac{(\beta H+\sigma)K}{\beta H}$。因为 $\dfrac{\sigma K}{\beta H}>0$，所以当 $0<N_2(t)<\dfrac{(\beta H+\sigma)K}{\beta H}$ 时，$\dfrac{\partial N_2(t)}{\partial t}>0$；当 $N_2(t)>\dfrac{(\beta H+\sigma)K}{\beta H}$ 时，$\dfrac{\partial N_2(t)}{\partial t}<0$。所以函数 $N_2(t)$ 在 $\left(0,\dfrac{(\beta H+\sigma)K}{\beta H}\right]$ 的区间内处于递增状态，在 $\left[\dfrac{(\beta H+\sigma)K}{\beta H},\infty\right)$ 的区间内处于递减状态，所以函数 $N_2(t)$ 在 $\dfrac{(\beta H+\sigma)K}{\beta H}$ 时达到最大，即 $N_2(t)=\dfrac{(\beta H+\sigma)K}{\beta H}$ 是全局稳定状态。由此本章可以得到如下结论：当 $t\to\infty$ 时，$N_2(t)\to\dfrac{(\beta H+\sigma)K}{\beta H}$。为了探究不同的网络传播速率下的 $N_2(t)$ 曲线变化规律，笔者设定了 4 种 r_2 的数值，共调取 11844 条数据来拟合曲线，不同 r_2 下的 $N_2(t)$ 的均衡变化曲线如图 2-12 所示（相关数据源见附录 E）。

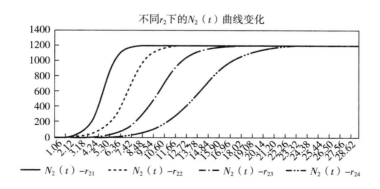

图 2-12　不同网络传播速率下的数字作品分发均衡曲线

从图 2-12 中可以看出，在基于区块链技术的数字作品管理平台中，不同的网络传播速率下，每个原创者所能分发到的最大用户节点数为 $\frac{(\beta H+\sigma)K}{\beta H}$，原创者在自身能分发到的用户节点数为 $\frac{(\beta H+\sigma)K}{\beta H}$ 时取得的最大收益：$\max\{R_2(t)\}=P\left(\frac{(\beta H+\sigma)K}{\beta H}-1\right)$，其中网络传播速率 r_2 越大，$N_2(t)$ 趋向于平衡状态的时间越短，原创者越能在短时间内获得最大收益。这也解释了为什么基于区块链技术的数字作品管理模型下，由于购买者以新的分发源身份加入数字作品网络而进一步扩大了作品的传播范围，为原创者带来更多的潜在直接收入。在基于区块链技术的数字作品管理模式下，原创者的数字作品传播和分发范围扩大，在保障传播链条最后端的用户能购买到最真实原创作品的情况下为原创者带来更多的收益。

2.3.3　两种数字作品管理模型中原创者的收益数值对比

为了更好地解释传统数字作品管理模式下和基于区块链技术的数字作品管理模式下原创者的效益问题，本章设置时间 t 的步长为 0.01，设定统一的网络传播速率即令 $r_1=r_2$，调取 9510 条数据来同时模拟函数 $N_1(t)$ 和函数 $N_2(t)$ 曲线的变化，具体图像如图 2-13 所示。

从图 2-13 可以看出，传统数字作品管理平台中原创者的数字作品所能分发到的最大用户节点数为 K，而基于区块链技术的数字作品管理平台中原创者的数字作品所能分发的最大用户节点数为 $\frac{(\beta H+\sigma)K}{\beta H}$，由于 $\sigma>0$，$\beta>0$，$H>0$ 以及 $K>0$，所以 $\frac{\sigma K}{\beta H}>0$，则 $\frac{(\beta H+\sigma)K}{\beta H}>K$ 在任何时候都是成立的，这也

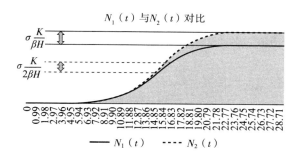

图 2-13　两种数字作品管理模式下的作品分发曲线对比

证明了基于区块链技术的数字作品管理平台可以给原创者带来更高的收益。
从图 2-13 中还可以看出，传统的数字作品管理平台中原创者的数字作品传
播速度在拥有该数字作品的累计用户数为 $K/2$ 时达到最大，而基于区块链

技术的数字作品管理平台中，在拥有该数字作品的累计用户数为 $\dfrac{(\beta H+2\sigma)K}{2\beta H}$

时原创者的数字作品传播速度达到最大，即在 $\left[\dfrac{K}{2},\left(\dfrac{(\beta H+\sigma)K}{2\beta H}\right)\right]$ 的区间内

两种平台中的数字作品分发速度开始产生明显的差异。基于区块链技术的
数字作品管理平台中的原创者可以延长达到最大数字作品传播速度的时间，
并且缩短传播到最大用户节点数的时间，从而可以更高效地利用网络传播
渠道和新的分发源传播渠道来进行自己原创作品的分发，使原创者自身的
利益最大化。

2.3.4　两种数字作品管理模型中平台方的收益数值仿真

综上可知，传统数字作品管理平台和基于区块链技术的数字作品管理
平台其收益函数均为系统中原创者数量 n 的函数，为了探究两种数字作品管

理平台的收益曲线及两者的差别来帮助企业决定是继续沿用传统模式还是要进行区块链化改革,需要进行如下讨论:

情景一:当边际基础设施平台搭建成本大于单笔交易手续费时。

为了探究出传统数字作品管理平台和基于区块链技术的数字作品管理平台收益相等时的原创者数量,令传统数字作品管理模式下平台方的收益函数 $W_1(n)$ 等于基于区块链技术的数字作品管理模式下平台方的收益函数 $W_2(n)$,可以得到

$n=0$ 或 $n=n_1$

其中,

$$n_1 = \frac{\beta H(2w_1 + 2w_3 - w_2)}{(w_4 - w_2)(2\beta H(1+K) + \sigma K)}$$

令 $W_1(n) = W_2(n)$ 时的原创者数量为不敏感原创者节点数记为 $n^* = n_1$。将函数 $W_1(n)$ 和 $W_2(n)$ 的相关参数代入可以得到两个收益函数的曲线变化如图 2-14 所示。

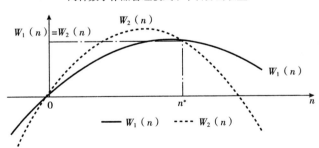

图 2-14 收益函数 $W(n)$ 的曲线变化(当 $w_4 > w_2$ 时)

由图 2-14 可以清晰地看到,两种数字作品管理平台的收益函数 W_1 (n) 和 $W_2(n)$ 随着系统中原创者数量 n 的曲线变化情况,为了探究原创者数

量对传统数字作品管理平台和基于区块链技术的数字作品管理中平台方收益的影响情况来帮助企业做决策，需要进行如下讨论：

（1）当 $0<n<n^*$ 时，即当数字作品管理平台中原创者节点数小于 n_1 时，从 0 可看出函数 $W_2(n)$ 曲线在函数 $W_1(n)$ 曲线上方，即当原创者的数量属于 $(0,\ n^*)$ 时，基于区块链技术的数字作品管理平台收益大于传统数字作品管理平台，所以企业应该进行区块链化改革。

（2）当 $n>n^*$ 时，即当数字作品管理平台中原创者节点数大于 n_1 时，从 0 可看出函数 $W_1(n)$ 曲线在函数 $W_2(n)$ 曲线上方，随着原创者数量的增加，基于区块链技术的数字作品管理平台的收益 $W_2(n)$ 会逐渐趋于负数，即出现亏损状态。即当原创者的数量属于 $(n^*,\ \infty)$ 时，传统数字作品管理平台的收益大于基于区块链技术的数字作品管理平台的收益，所以企业应该保持传统模式。

情景二：当边际基础设施平台搭建成本小于单笔交易手续费时。

将函数 $W_1(n)$ 和 $W_2(n)$ 的相关参数代入可以得到两个收益函数的曲线变化，如图 2-15 所示。

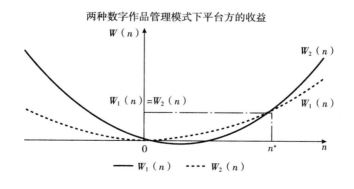

两种数字作品管理模式下平台方的收益

图 2-15　收益函数 $W(n)$ 的曲线变化（当 $w_4<w_2$ 时）

由图 2-15 中可以清晰地看到，两种数字作品管理平台的收益函数 $W_1(n)$ 和 $W_2(n)$ 随着系统中原创者数量 n 的曲线变化情况，为了探究原创者数量对传统数字作品管理平台和基于区块链技术的数字作品管理平台方收益的影响情况来帮助企业做决策，需要进行如下讨论：

（1）当 $0<n<n^*$ 时，当数字作品管理平台中原创者节点数小于 n_1 时，从 0 可看出函数 $W_1(n)$ 曲线在函数 $W_2(n)$ 曲线上方，即当原创者的数量属于 $(0,n^*)$ 时，传统数字作品管理平台的收益大于基于区块链技术的数字作品管理平台，所以企业应该保持传统模式。

（2）当 $n>n^*$ 时，即当数字作品管理平台中原创者节点数大于 n_1 时，从图 2-15 可看出函数 $W_2(n)$ 曲线在函数 $W_1(n)$ 曲线上方，随着原创者数量的增加，基于区块链技术的数字作品管理平台的收益 $W_2(n)$ 会越来越大，与函数 $W_1(n)$ 差距越来越大，出现收益爆发式增长阶段。即当原创者的数量属于 (n^*,∞) 时，基于区块链技术的数字作品管理平台的收益大于传统数字作品管理平台，所以企业进行区块链化改革会获得更多的收益。

2.3.5 结果比较

通过有关原创者和平台方在传统和基于区块链技术两种数字作品管理模式下的收益模型建立和求解可得出如下结论：

2.3.5.1 原创者收益结果讨论

一个原创者节点在传统数字作品管理平台和基于区块链技术的数字作品管理平台中能够将其数字作品分发到的最大节点数分别是 K 和 $\dfrac{(\beta H+2\sigma)K}{2\beta H}$，作品分发速度在系统中累计获得该作品节点总数分别为 $\dfrac{K}{2}$ 和

$\dfrac{(\beta H + 2\sigma)K}{2\beta H}$ 时达到最大，原创者获得的最大收益分别为 $P(K-1)$ 和

$P\left(\dfrac{(\beta H + \sigma)K}{\beta H} - 1\right)$ ，即在任何条件下原创者在区块链数字作品管理平台中获

得的收益始终大于传统数字作品管理平台，区块链数字作品管理平台可以扩大原创作品的传播与分发范围，从而为原创者带来更多的收益。

2.3.5.2　平台方收益结果讨论

当系统中原创者节点数量为 n 时，传统数字作品管理平台和基于区块链技术的数字作品管理平台的系统需求量分别为 $n(1+K)$ 和 $n\left(1+\dfrac{(\beta H + \sigma)K}{\beta H}\right)$，即区块链数字作品管理平台所要求的系统容纳量要高于传统数字作品管理平台。结果表明当原创者的数量属于区间 $(0, n_1)$ 时，若边际基础设施平台搭建成本大于单笔交易按照一定比例平均收取的手续费，企业进行区块链化改革就可以获得更大的收益；若边际基础设施平台搭建成本小于单笔交易按照一定比例平均收取的手续费时，企业保持传统模式可以为其带来更大的收益；若数字作品原创者的数量等于 n_1（称为不敏感原创节点数），无论在什么情况下均有 $W_1(n) = W_2(n)$，即两种平台的收益相等，两者选择其中任何一个均可；当数字作品原创者的数量属于区间 (n_1, ∞) 时，若边际基础设施平台搭建成本大于单笔交易按照一定比例平均收取的手续费，企业维持传统数字作品管理模式可以获得更大的收益；若边际基础设施平台搭建成本小于单笔交易按照一定比例平均收取的手续费，企业进行区块链化改革可以为其带来更大的收益。本章从数字作品原创者和平台的角度分别分析了其收益情况，并给出了不同条件下如何进行数字作品管理平台选择的方案，目的在于保障数字作品原创者收益的同时提高平台的收益，结

论如表 2-3 所示。

表 2-3　原创者数量 n 与平台收益的关系

数字作品管理系统中原创者数量为 n 时		
n 取值	$(0, n^*)$	n^*	(n^*, ∞)
$w_4 > w_2$		
平台收益	$W_1(n) < W_2(n)$	$W_1(n) = W_2(n)$	$W_1(n) > W_2(n)$
平台决策	区块链化改革	两者均可	保持传统模式
$w_4 < w_2$		
平台收益	$W_1(n) > W_2(n)$	$W_1(n) = W_2(n)$	$W_1(n) < W_2(n)$
平台决策	保持传统模式	两者均可	区块链化改革

为了解决数字作品管理行业面临的盗版猖獗、版权纠纷严重、区块链技术用户接受度低、传统数字作品管理平台是否要进行区块链化改革等问题，本章基于数字作品和区块链技术相关理论，分析和提炼了传统与区块链数字作品管理理论模型，并对两种理论模型进行了对比分析；从区块链数字作品管理链条上相关利益方盈利的角度出发，分别建立了传统和基于区块链技术的数字作品管理模式下原创者和平台方的收益模型，定量分析了原创者在两种数字作品管理模式下的收益差别，证明了区块链技术不仅可以通过技术的手段解决目前数字化行业存在的盗版和侵权问题，而且可以增强原创者对作品的掌控权，从而提高原创者的收益；同时通过数学模型建立和求解，探究了数字作品管理模型中平台方的收益与系统容纳量之间的关系，给出在保证原创者收益增加的基础上最大化平台利益的选择策略。本章对第一部分提出的问题，分别做出如下回答：

（1）根据数字作品的管理逻辑分析和提炼了传统数字作品管理模型和

基于区块链技术的数字作品管理理论模型，并从数字作品分发、传播和管理的角度对这两种理论模型进行了对比分析，旨在厘清两种数字作品管理模式下的作品分发差异。

（2）在传统 Logistic 增长模型的基础上引入网络传播速率和交易平均协商价格两个变量，从区块链数字作品管理链条上相关利益方盈利的角度出发，分别给出了传统数字作品管理模型和基于区块链的数字作品管理模型中原创者和平台方的收益模型，以定量的方式对比分析了原创者在两种数字作品管理模式下的收益差异，在 Matlab 中分别调用 2925 条数据和 2961 条数据来拟合原创者的收益数学曲线，对模型进行求解和对比分析，证明了无论在什么情况下原创者在基于区块链技术的数字作品管理平台中获得的收益始终高于传统平台。

此外，本章从效用的角度出发，通过对数字作品管理平台中广告费、手续费、服务费和平台搭建成本的计算建立了数字作品管理中平台方的收益模型，用来探究平台方收益与系统容纳量之间的关系，来帮助企业决策何时进行区块链化改革可以最大化企业自身收益。研究结果表明，当边际基础设施平台搭建成本大于单笔交易手续费时：若系统中原创者的数量小于不敏感系统容量，选择基于区块链技术的数字作品管理平台可获得更多的收益；反之，选择传统数字作品管理平台可获得更多的收益。当边际基础设施平台搭建成本小于单笔交易手续费时：若系统中原创者的数量小于不敏感系统容量，选择传统数字作品管理平台可以获得更多收益；反之，选择基于区块链技术的数字作品管理平台可获得更多收益。

2.4 管理启示

区块链技术凭借其点对点传输、不可篡改、可溯源、去中心化等特征为数字作品的高效管理带来了新机遇和挑战，综合本章内容笔者将从国家、社会、企业、个人四个层面给出以下建议：

（1）国家层面。区块链技术的落地应用需要消耗大量的宽带和电力资源，所以国家应该加强在光纤网络等基础配套研发方面的重视，来进一步保障整个系统安全稳定的运行，国家相关技术部门应加大对底层技术的研究力度，为区块链相关企业给予一定的支持和政策扶持。

（2）社会层面。相关媒体、公共教育等应该大量普及区块链知识，让更多的大众了解当前的科技前沿技术，对于区块链技术有更加深入全面的认识从而辩证地看待这项新技术，为区块链数字作品管理平台的设计和架构提供切实可行的建议和意见。

（3）企业层面。传统的数字作品管理平台应该根据业界实际发展需要，深入研究市场需求，充分利用区块链技术的优势来帮助更多的原创用户实现自身价值的同时，可参考本书提出的平台方收益模型，并结合现有行业的盈利模式去探究更广泛的基于区块链技术的数字作品收益方式。

（4）个人层面。个人原创者应该主动学习和了解区块链相关知识，结合本章提出的原创者收益模型来进一步提高对基于区块链技术的数字作品管理平台的收益感知度，拓宽知识面，向既精通区块链技术又精通数字作品管理业务的复合型人才发展。

附录 A Logiatic 增长模型曲线 Matlab 代码

```
x = np. linspace( 0,14,1000)
y = np. zeros_like( x)
for i in range( len( x)):
y[ i] = 1/( 1+pow( np. e,-x[ i] +7))
plt. plot( x,y)
plt. xlim( 0,14)
plt. axhline( 0. 5,color ='red ',linestyle = "--")
plt. yticks( [ 0,0. 5,1],[ r'$0 $',r'$k/2 $',r'$k $'])
plt. xticks( [ ])
```

附录 B 传统管理模式下的数字作品分发曲线数据源

T	0. 01	0. 02	0. 03	0. 04	0. 05	0. 06	0. 07
$N_1(t)$	1. 005	1. 01	1. 015	1. 02	1. 025	1. 03	1. 035
T	0. 11	0. 12	0. 13	0. 14	0. 15	0. 16	0. 17
$N_1(t)$	1. 056	1. 062	1. 067	1. 072	1. 078	1. 083	1. 089
T	0. 21	0. 22	0. 23	0. 24	0. 25	0. 26	0. 27
$N_1(t)$	1. 111	1. 116	1. 122	1. 127	1. 133	1. 139	1. 144
T	0. 31	0. 32	0. 33	0. 24	0. 25	0. 26	0. 27
$N_1(t)$	1. 167	1. 173	1. 179	1. 185	1. 191	1. 197	1. 203
T	0. 41	0. 42	0. 43	0. 44	0. 45	0. 46	0. 47

$N_1(t)$	1.227	1.233	1.240	1.246	1.252	1.258	1.265
T	0.51	0.52	0.53	0.54	0.55	0.56	0.57
$N_1(t)$	1.290	1.297	1.303	1.310	1.316	1.323	1.329
t	…	…	…	…	…	…	…
$N_1(t)$	…	…	…	…	…	…	…
t	29.01	29.02	29.03	29.04	29.05	29.06	29.07
$N_1(t)$	999.499	999.501	999.504	999.506	999.509	999.511	999.514
t	29.11	29.12	29.13	29.14	29.15	29.16	29.17
$N_1(t)$	999.544	999.547	999.549	999.551	999.553	999.556	999.558

附录C　不同网络传播速率下的数字作品分发均衡曲线数据源

T	0.01	0.02	0.03	0.04	0.05	0.06	0.07
$N_1(t)r_1$	1.005	1.010	1.015	1.020	1.025	1.030	1.036
$N_1(t)r_2$	1.007	1.014	1.021	1.028	1.036	1.043	1.050
$N_1(t)r_3$	1.012	1.024	1.037	1.049	1.062	1.075	1.088
$N_1(t)r_4$	1.019	1.039	1.059	1.079	1.100	1.121	1.142
t	0.11	0.12	0.13	0.14	0.15	0.16	0.17
$N_1(t)r_1$	1.056	1.062	1.067	1.072	1.078	1.083	1.089
$N_1(t)r_2$	1.080	1.088	1.095	1.103	1.111	1.118	1.126
$N_1(t)r_3$	1.141	1.155	1.169	1.183	1.197	1.211	1.226
$N_1(t)r_4$	1.232	1.256	1.280	1.304	1.329	1.355	1.381
T	0.21	0.22	0.23	0.24	0.25	0.26	0.27
$N_1(t)r_1$	1.111	1.116	1.122	1.127	1.133	1.139	1.144

续表

$N_1(t)r_2$	1.158171	1.166297	1.17448	1.18272	1.191018	1.199375	1.20779
$N_1(t)r_3$	1.286	1.302	1.317	1.333	1.349	1.366	1.382
$N_1(t)r_4$	1.490	1.518	1.547	1.577	1.607	1.638	1.669
T	…	…	…	…	…	…	…
$N_1(t)r_1$	…	…	…	…	…	…	…
$N_1(t)r_2$	…	…	…	…	…	…	…
$N_1(t)r_3$	…	…	…	…	…	…	…
$N_1(t)r_4$	…	…	…	…	…	…	…
T	28.00	28.01	28.02	28.03	28.04	28.05	28.06
$N_1(t)r_1$	999.170	999.174	999.178	999.182	999.186	999.190	999.195
$N_1(t)r_2$	999.996	999.996	999.97	999.997	999.997	999.997	999.997
$N_1(t)r_3$	1000.000	1000.000	1000.000	1000.000	1000.000	1000.000	1000.000
$N_1(t)r_4$	1000.000	1000.000	1000.000	1000.000	1000.000	1000.000	1000.000
T	29.13	29.14	29.15	29.16	29.17	29.18	29.19
$N_1(t)r_1$	999.528	999.530	999.533	999.535	999.537	999.540	999.542
$N_1(t)r_2$	999.999	999.999	999.999	999.999	999.999	999.999	999.999
$N_1(t)r_3$	1000.000	1000.000	1000.000	1000.000	1000.000	1000.000	1000.000
$N_1(t)r_4$	1000.000	1000.000	1000.000	1000.000	1000.000	1000.000	1000.000
T	29.23	29.24	29.25	29.26	29.27	29.28	29.29
$N_1(t)r_1$	999.551	999.553	999.556	999.558	999.560	999.562	999.564
$N_1(t)r_2$	999.999	999.999	999.999	999.999	999.999	999.999	999.999
$N_1(t)r_3$	1000.000	1000.000	1000.000	1000.000	1000.000	1000.000	1000.000
$N_1(t)r_4$	1000.000	1000.000	1000.000	1000.000	1000.000	1000.000	1000.000

附录 D 基于区块链技术的数字作品分发曲线数据源

t	0.01	0.02	0.03	0.04	0.05	0.06	0.07
$N_2(t)$	1.005	1.010	1.015	1.020	1.025	1.030	1.036
t	0.11	0.12	0.13	0.14	0.15	0.16	0.17
$N_2(t)$	1.056	1.062	1.067	1.072	1.078	1.083	1.089
t	0.21	0.22	0.23	0.24	0.25	0.26	0.27
$N_2(t)$	1.111	1.116	1.122	1.127	1.133	1.139	1.144
t	0.31	0.32	0.33	0.34	0.35	0.36	0.37
$N_2(t)$	1.167	1.173	1.179	1.185	1.191	1.197	1.203
t	0.41	0.42	0.43	0.44	0.45	0.46	0.47
$N_2(t)$	1.227	1.233	1.240	1.246	1.252	1.258	1.265
t	0.51	0.52	0.53	0.54	0.55	0.56	0.57
$N_2(t)$	1.290	1.297	1.303	1.310	1.316	1.323	1.329
t	0.61	0.62	0.63	0.64	0.65	0.66	0.67
$N_2(t)$	1.356	1.363	1.370	1.377	1.384	1.391	1.397
t	...	...	...	...	...	...	...
$N_2(t)$	...	...	...	...	...	...	...
t	...	...	...	...	...	...	...
$N_2(t)$	...	...	...	...	...	...	...
t	...	...	...	...	...	...	...
$N_2(t)$	...	...	...	...	...	...	...
t	28.70	28.71	28.72	28.73	28.74	28.75	28.76
$N_2(t)$	1199.158	1199.162	1199.166	1199.170	1199.174	1199.178	1199.182

续表

t	28. 80	28. 81	28. 82	28. 83	28. 84	28. 85	28. 86
$N_2(t)$	1199. 199	1199. 203	1199. 207	1199. 210	1199. 214	1199. 218	1199. 222
t	29. 00	29. 01	29. 02	29. 03	29. 04	29. 05	29. 06
$N_2(t)$	1199. 275	1199. 278	1199. 282	1199. 286	1199. 289	1199. 293	1199. 296
t	29. 10	29. 11	29. 12	29. 13	29. 14	29. 15	29. 16
$N_2(t)$	1199. 310	1199. 314	1199. 317	1199. 320	1199. 324	1199. 327	1199. 331
t	29. 20	29. 21	29. 22	29. 23	29. 24	29. 25	29. 26
$N_2(t)$	1199. 344	1199. 347	1199. 350	1199. 354	1199. 357	1199. 360	1199. 363
t	29. 30	29. 31	29. 32	29. 33	29. 34	29. 35	29. 36
$N_2(t)$	1199. 376	1199. 379	1199. 382	1199. 385	1199. 388	1199. 391	1199. 394
t	29. 41	29. 42	29. 43	29. 44	29. 45	29. 46	29. 47
$N_2(t)$	1199. 409	1199. 412	1199. 415	1199. 418	1199. 421	1199. 424	1199. 427

附录 E　不同网络传播速率下基于区块链技术的数字作品分发均衡曲线数据源

T	0. 01	0. 02	0. 03	0. 04	0. 05	0. 06	0. 07
$N_2(t)r_1$	1. 005	1. 010	1. 015	1. 020	1. 025	1. 030	1. 036
$N_2(t)r_2$	1. 007	1. 014	1. 021	1. 028	1. 036	1. 043	1. 050
$N_2(t)r_3$	1. 010	1. 020	1. 030	1. 041	1. 051	1. 062	1. 072
$N_2(t)r_4$	1. 015	1. 030	1. 046	1. 062	1. 078	1. 094	1. 111
T	0. 11	0. 12	0. 13	0. 14	0. 15	0. 16	0. 17
$N_2(t)r_1$	1. 056	1. 062	1. 067	1. 072	1. 078	1. 083	1. 089
$N_2(t)r_2$	1. 080	1. 088	1. 095	1. 103	1. 111	1. 118	1. 126
$N_2(t)r_3$	1. 116	1. 127	1. 139	1. 150	1. 162	1. 173	1. 185

续表

$N_2(t)r_4$	1.179	1.197	1.215	1.233	1.252	1.271	1.290
T	0.21	0.22	0.23	0.24	0.25	0.26	0.27
$N_2(t)r_1$	1.111	1.116	1.122	1.127	1.133	1.139	1.144
$N_2(t)r_2$	1.158	1.166	1.175	1.183	1.191	1.199	1.208
$N_2(t)r_3$	1.233	1.246	1.258	1.271	1.284	1.297	1.310
$N_2(t)r_4$	1.370	1.391	1.412	1.433	1.454	1.476	1.499
T	…	…	…	…	…	…	…
$N_2(t)r_1$	…	…	…	…	…	…	…
$N_2(t)r_2$	…	…	…	…	…	…	…
$N_2(t)r_3$	…	…	…	…	…	…	…
T	25.01	25.02	25.03	25.04	25.05	25.06	25.07
$N_2(t)r_1$	1194.688	1194.715	1194.741	1194.767	1194.793	1194.819	1194.845
$N_2(t)r_2$	1199.964	1199.964	1199.965	1199.965	1199.965	1199.965	1199.966
$N_2(t)r_3$	1200.000	1200.000	1200.000	1200.000	1200.000	1200.000	1200.000
$N_2(t)r_4$	1200.000	1200.000	1200.000	1200.000	1200.000	1200.000	1200.000
T	25.11	25.12	25.13	25.14	25.15	25.16	25.17
$N_2(t)r_1$	1194.946	1194.972	1194.996	1195.021	1195.046	1195.071	1195.095
$N_2(t)r_2$	1199.967	1199.967	1199.967	1199.967	1199.967	1199.968	1199.968
$N_2(t)r_3$	1200.000	1200.000	1200.000	1200.000	1200.000	1200.000	1200.000
$N_2(t)r_4$	1200.000	1200.000	1200.000	1200.000	1200.000	1200.000	1200.000
T	25.21	25.22	25.23	25.24	25.25	25.26	25.27
$N_2(t)r_1$	1195.192	1195.216	1195.240	1195.263	1195.287	1195.310	1195.333
$N_2(t)r_2$	1199.969	1199.969	1199.969	1199.969	1199.970	1199.970	1199.970
$N_2(t)r_3$	1200.000	1200.000	1200.000	1200.000	1200.000	1200.000	1200.000
$N_2(t)r_4$	1200.000	1200.000	1200.000	1200.000	1200.000	1200.000	1200.000

第3章　基于区块链的知识产权
管理平台模式选择研究

伴随着移动互联网的蓬勃发展，知识产权相关产业发展迅速，知识产权作品的价值也越来越高。根据《2019—2020 中国数字出版产业年度报告》显示，2019 年国内数字出版产业整体收入规模为 9881.43 亿元，较上年增长 11.16%，其中：博客类应用 117.7 亿元、在线音乐 124 亿元、网络动漫 171 亿元、移动出版 2314.82 亿元、网络游戏 713.83 亿元、在线教育 2010 亿元、互联网广告 4341 亿元（中国数字出版产业年度报告课题组等，2020）。除了价值增长迅速之外，知识产权作品的发表形式、传播渠道等也得到了极大的扩展和丰富，除了相对传统的报纸、杂志、音乐游戏等，以用户生成内容（User-Generated Content，UGC）为例，从文字形式的网络小说、图文形式的自媒体、博客，再到中视频、视频博客领域，音频领域的 FM 类、播客类应用，短视频领域等，知识产权作品形式多种多样，满足了用户的多样化需求。知识产权产业发展进展快速、变现渠道多样化，IP 价值飞速提升。在上述的各项领域中，也同样诞生了一系列平台企业，如网络小说领域的阅文集团、掌阅科技，图文自媒体领域的公众号、百家号、微博、今日头条等，其中视频及视频博客领域的 YouTube、bilibili、西瓜视频等，音频、播客领域的喜马拉雅 FM、Apple Podcast、Google Podcast、小宇宙等，短视频领域的抖音、快手、微视等。知识产权在资本的助力和推动下将进一步释放其价值潜能。

同时，全球知识产权盗版侵权的问题也越发严重。除了经济损失，知识产权盗版也会危害原创作者的创作积极性，学者利用中国某数字出版平台的数据，实证研究了盗版对作家产出的影响，发现数字知识产权侵权的减少对创作者生产力具有正向影响（Li 等，2021），这将极大程度地打击原创作者的创作积极性，进而对知识产权行业整体造成不良影响。尽管各类知识产权行业相关组织、企业已经注意到了这些问题，并纷纷采用防盗版的技术及管理手段来预防及打击盗版。但遗憾的是，当前的技术手段相对单一，且并不能完全满足知识产权作品传播流通需要。

我国的知识产权确权渠道主要有两类：一类是向知识产权管理机构登记著作权证书，证明作品原创权（后文将此渠道称为"传统渠道"）；另一类是向基于区块链技术的数字知识产权管理机构登记作品并在链上存证（后文将此渠道称为"区块链渠道"）。通过传统渠道办理著作权登记证书需要缴纳费用，拿到证书需要 1~3 个月，会对大部分知识产权收益产生不良影响。区块链渠道支持线上登记，比传统渠道更便捷。近年来，国内外涌现出大批基于区块链的知识产权管理平台，如版权家、纸贵版权、Binded、Monegraph 等。这些平台提供了基于区块链的快速、安全的版权保护服务，传统渠道和区块链渠道形成了竞争。平台方积极拓展确权渠道，以获取更高的竞争优势。此外，不同平台提供的确权服务，除基础确权效用之外，还会提供确权可信效用，具有更高确权可信效用的确权服务．能在维权环节中产生更高价值，为此本书引入"确权可信能力"来衡量平台服务提供的确权可信效用。针对上述情况，本章节将主要研究以下问题：

（1）确权可信能力如何影响知识产权管理平台的渠道选择策略？

（2）双寡头竞争时，平台如何选择最优渠道？

（3）新兴平台与现有平台竞争时，平台如何选择最优渠道？

3.1　问题描述

本书选用 Hoteling 模型作为基础模型，借助已有研究（Dou 和 Wu，2016；Cao 等，2018；Wang 等，2019），将问题建模为三阶段博弈。在第一阶段，每个知识产权管理平台设置自己的确权可信能力；在第二阶段，每个平台决定向消费者收取的价格；在第三阶段，基于效用最大化，消费者决定使用对应平台的服务。

3.1.1　区块链对知识产权管理平台的影响

区块链是一个开放的、分布式的分类账，可以一种有效的、可验证的、永久的方式记录双方之间的交易。存储于其中的数据或信息，具有"不可伪造""全程留痕""可以追溯""公开透明"以及"集体维护"等特征。从区块链底层逻辑分类，可以将区块链分为公有链、联盟链和私有链。其中公有链的技术成熟度更高，且其典型产品如比特币、以太坊等已被广泛认可。在本书的研究中，假定采用具有更高灵活性和安全性的以太坊区块链公有链作为底层技术。在此情况下，区块链技术对知识产权管理平台产生的影响有以下两点：

（1）采用区块链模式确权相较于传统方式更快捷。将知识产权通过区块链进行确权，目前业界的普遍做法是将作者、作品、确权时间等信息打包，通过 Hash 算法压缩，并将压缩后的 Hash 值作为交易附件，打包至一笔交易中。采用区块链渠道的知识产权作品确权时间主要由区块链交易等待时间确定，在以太坊网络中，标准交易的等待时间一般小于 5 分钟，安全的慢速交易等待时间一般小于 30 分钟。相较于传统渠道而言，区块链渠道的确权速度有明显提升。

（2）采用区块链模式需要额外支付交易费用。由于交易的主要目的是将 Hash 值写入区块链网络，而非传送加密货币，因此其交易金额可以设置为 1wei（以太坊区块链中的最小货币，$1wei = 10^{-18}ETH$，价值极低，可忽略）。在以太坊区块链网络中，矿工可以优先将交易打包到区块中，而发起这项交易的人则需要向矿工支付交易费。Eth Gas Station 的数据显示，标准交易（小于 5 分钟上链）的交易费为 187Gwei，约合 1.64 美元（2020 年 8 月 14 日 10：34）。本书忽略交易费的波动性，把采用区块链渠道确权所需额外支付的交易费用视为定值处理。

3.1.2　平台方

假设市场上有 2 家提供知识产权管理服务的平台，都提供基于传统渠道的知识产权确权渠道，且 2 家平台都有能力推动基于区块链的确权方式，此能力不受其他因素（如平台技术储备、区块链技术成熟度等）影响。传统渠道确权周期长，但不需要支付额外的费用，且其确权可信能力不受影响；区块链渠道确权速度快，但平台需要采用向公有链发起交易的方式将确权信息固化到区块链上，即需要支付交易费用（链上交易费 g）。由于新技术尚未完全成熟，基于区块链的确权证据有无法达到传统渠道确权证据同等效力的司法可用性，假设基于传统确权方式的证据认可程度为 1，则采用区块链渠道确权认可程度为 $w \in$（0，1）。

确权可信能力 k_i（$i=1$，2）是衡量平台服务能够给消费者带来效用高低的指标，更高的确权可信能力 k_i 表示平台 i 提供的确权服务能够给消费者提供更高的效用。确权可信能力 k_i 由平台投入的确权成本 $m_i > 0$ 决定。考虑边际效应递减规律（在其他要素不变的前提下，边际产出随着单个生产要素的增加而递减）以及便于建模，参照 Markopoulos 和 Hosanagar（2017）的类似假设，设 $k_i = \sqrt{\dfrac{m_i}{a}}$，（$a > 0$）。其中，确权成本系数 a 是度量确权可信能力的成本效率的系数。故当平台 i 的确权可信能力为 k_i 时，确权成本 $m_i = ak_i^2$。

3.1.3　消费者方

消费者根据其对版权确权的时效性要求分成两类：H 型和 L 型，其中 H 型消费者对时效性的要求高，采用传统渠道确权时会对其产生延误损失 d_H；L 型消费者对时效性要求低，其采用传统确权方式造成的延误损失为 d_L，为方便研究，设 $d_L = 0$，且令 $d = d_H$。设两种消费者均匀分布在长度为 1 的线性城市上，消费者总量为 1，每名消费者都需要且仅需要一次确权，H 型消费者占总消费者的比例是 u，$u \in$（0，1），则 L 型消费者所占比例为 $1-u$。消费者在线性城市的位置 $x \in$（0，1）表明了自身对服务的偏好，由于平台分布在线性城市的两端（0，1），位于 x 处的消费者，采用平台 1 和平台 2 的服务所需要承担的服务偏好损失分别为 tx 和 $t(1-x)$。式中，t 表示消费者单位偏好差异损失，t 值也表明了消费者感知中两平台所提供服务的差异系数，t 值越高，表明平台服务差异度越大。消费者在传统渠道可得的效用为 $U_T = U_0 + bk_i - p_i - tx - d_n$，$i \in (1, 2)$，$n \in (H, L)$。式中，常数 U_0 表示基础确权效用，该效用对所有消费者，所有确权渠道都相同；$b > 0$ 表示确权可信能力效用系数，b 越大表示消费者越关注确权可信能力，为便于研究，假定该值对所有消费者都相同。类似地，消费者在区块链渠道可得的效用为 $U_B = U_0 + wbk_i - p_i - tx - d_n$，$i \in \{1, 2\}$ 和 $n \in \{H, L\}$。式中，w 表示区块链渠道的确权认可程度。

3.1.4 平台决策

市场上现存两家知识产权管理平台，都采用传统渠道提供确权服务。现在 2 家平台都需决策是否开放区块链渠道的确权服务。平台可以开放区块链渠道的服务，使自身转变为双渠道平台；也可以不开放，只提供传统渠道。平台的不同决策可以分成 3 种情况：情况 1，都只提供传统渠道；情况 2，都同时开放区块链和传统渠道；情况 3，一家平台只开放传统渠道，另一家平台同时开放两种渠道（由于对称性，仅研究平台 1 开放两种渠道，平台 2 只开放传统渠道的情况）。在每种情况下，将问题建模为三个阶段的博弈，博弈顺序是：平台决定提供的确权可信能力 k_i；平台决定服务价格 p_i；消费者根据其获得的效用选择平台及服务。按照该顺序，使用后向归纳法来解决博弈问题。

3.1.5　参数表

为方便计算和研究，将决策变量及参数整理汇总至表3-1。

表 3-1　决策变量及参数汇总

含义	符合	性质
平台 i 的确权可信能力	k_i	决策变量
平台 i 的服务价格	p_i	决策变量
平台 i 的确权成本	m_i	参数
确权可信能力效用系数	b	参数
平台服务差异系数	t	参数
基础确权效用	U_0	参数
区块链渠道上链交易费	g	参数
H 型消费者比例	u	参数
H 型消费者延误损失	d	参数
区块链渠道确权认可度	w	参数

3.2　基础模型

针对上述的三种情形，本节构建相应的模型，通过逆向归纳法，可得相应的均衡结果。

3.2.1 情形1

在情形1中，双方平台都仅提供基于传统渠道的确权服务，由于没有基于区块链的确权服务，H型消费者只能被动接受采用传统渠道确权。对于位于x处的H型消费者，选择使用平台1和平台2的服务时效用分别为：

$$U_H^1 = U_0 + bk_1 - p_1 - tx - c_H \text{ 和 } U_H^2 = U_0 + bk_2 - p_2 - t(1-x) - c_H \qquad (3-1)$$

式中，c_H表示H型消费者使用传统渠道确权需要承担的延误损失，因传统渠道的特性，H型消费者必然会承担延误损失，该损失与平台的关联性不强，为研究方便，设定H型消费者采用传统渠道的延误损失均为c_H；令$U_H^1 = U_H^2$，可得无差异点为$x^* = \dfrac{(t + bk_1 - bk_2 - p_1 + p_2)}{2t}$。则$H$型消费者针对平台1和平台2的服务需求函数分别为：

$$D_H^1 = \frac{1}{2} - \frac{bk_2 - bk_1 + p_1 - p_2}{2t} \text{ 和 } D_H^2 = \frac{1}{2} + \frac{bk_2 - bk_1 + p_1 - p_2}{2t} \qquad (3-2)$$

位于y处的L型消费者，选择使用平台1和平台2时的效用分别为：

$$U_L^1 = U_0 + bk_1 - p_1 - ty \text{ 和 } U_L^2 = U_0 + bk_2 - p_2 - t(1-y) \qquad (3-3)$$

令$U_L^1 = U_L^2$，求得效用无差异点$y^* = \dfrac{(t - (-bk_1 + bk_2 + p_1 - p_2))}{2t}$。那么，$L$型消费者针对平台1和平台2的服务需求函数分别为：

$$D_L^1 = \frac{1}{2} - \frac{bk_2 - bk_1 + p_1 - p_2}{2t} \text{ 和 } D_L^1 = \frac{1}{2} + \frac{bk_2 - bk_1 + p_1 - p_2}{2t} \qquad (3-4)$$

每家平台根据自身的确权可信能力以及对另一家平台的确权可信能力的估计来确定各自的最佳价格。平台的收入为确权费用，从两方面获得，分别由H型消费者和L型消费者贡献；平台的支出为确权成本，如前文所述，定义平台确权成本 $m_i = ak_i^2$。其中，$a(a>1)$ 是表示确权可信能力的成本效率的系数。则平台 1 和平台 2 的利润函数分别为：

$$R_1 = uD_H^1 p_1 + (1-u)D_L^1 p_1 - m_1 \text{ 和 } R_2 = uD_H^2 p_2 + (1-u)D_L^2 p_2 - m_2 \qquad (3-5)$$

假设平台 1 和平台 2 的确权可信能力分别为 k_1 和 k_2，相对于价格 p_1 和 p_2 最大化利润求解一阶条件，可得价格函数：

$$p_1 = t + \frac{b(k_1 - k_2)}{3} \text{ 和 } p_2 = t - \frac{b(k_1 - k_2)}{3}$$

两平台价格函数之间的差异为：

$$p_1 - p_2 = \frac{2b(k_1 - k_2)}{3} \qquad (3-6)$$

由于 $b>0$，两平台价格差异与两平台确权可信能力的差异成正比，即具有更高确权可信能力的平台会向用户收取更高的确权费用。平台决定自身最佳的确权可信能力，将价格函数代入利润函数，并相对于确权可信能力求解最优利润，可得：

$$k_1 = k_2 = \frac{b}{6a}, \ p_1 = p_2 = t, \ D_1 = D_2 = \frac{1}{2} \text{ 以及 } R_1 = R_2 = \frac{t}{2} - \frac{b^2}{36a}$$

3.2.2　情形 2

在情形 2 中，两个平台都开放了区块链确权服务。此时，L 和 H 型消费者将选择更适合自己利益需求的服务，模型的建立与求解过程与前文类似。求得均衡结果如下：

$$\begin{cases} k_1 = k_2 = \dfrac{bu(2t(1+u(w-1))+3g(u-1)(w-1))}{12at}, \ p_1 = p_2 = gu+t \\ R_1 = R_2 = \dfrac{t}{2} - \dfrac{(b(u-1)(2t+3gu)-b(2t+3g(u-1))uw)^2}{144at^2} \end{cases}$$

3.2.3 情形 3

在情形 3 中，一家平台只开放传统渠道，另一家平台同时开放两种渠道（由于模型的对称性，仅研究平台 1 开放的两种渠道，平台 2 只开放传统渠道的情况）。同样可得情形 3 中的均衡结果如下：

$$
\begin{cases}
k_1 = \dfrac{6abtw(u-1)(6t+2du+7gu)+u(6t+2du+g(7u-9))+b^3(3gu(u-1+w-uw)-4t(1+u(w-1)))}{12at(18at-b^2(2+u(2+u(w-1))(w-1)))} \\[3mm]
k_2 = \dfrac{12abt(3t+(g-d)u)-b^3(1+u(w-1))(4t(1+u(w-1))+3g(u-1)u(w-1))}{12at(18at-b^2(2+((2+u(w-1))(w-1))))} \\[3mm]
p_1 = \dfrac{-12at(3t+(d+2g)u)+b^2(4t+gu(1+3w-u(-1+w)(2-u+(-3+u)w)))}{-36at+2b^2(2+u(2+u)(-1+w))(-1+w)} \\[3mm]
p_2 = \dfrac{12at(3t+(g-d)u)-b^2(1+u(w-1))(4t(1+u(w-1))+3g(u-1)u(w-1))}{-36at+2b^2(2+u(2+u)(w-1))(w-1)} \\[3mm]
R_1 = \dfrac{H_{31}}{D_3}+\dfrac{L_{31}}{D_3}-\dfrac{C_{31}}{3D_3}\ \text{和}\ R_2 = \dfrac{H_{32}}{D_3}+\dfrac{L_{32}}{D_3}-\dfrac{C_{32}}{3D_3}
\end{cases}
$$

3.2.4 均衡分析

命题 3-1：在情形 1 中，两平台达成均衡状态时，其最优确权可信能力相同，最优价格相同，利润相同市场份额相同。从命题 3-1 中，可以发现如下结论：

（1）均衡状态的确权可信能力与确权可信能力效用系数 b 呈正相关：b 值越大，表明消费者对确权可信能力的重视程度越高，促使平台达到更高的确权可信能力，以此吸引更多的消费者。

（2）均衡状态确权可信能力与确权成本系数 a 呈负相关：a 越大则平台需要投入更多成本以提高其确权可信能力，故当确权成本系数较高时，确权可信能力将以较低值达到平衡。

（3）均衡状态下，两家规模和价格相同平台的市场份额相同：此结论给平台提供了有关判断自身当前状态以及正确管理最佳确权可信能力的指导。例如，若平台 1 的市场份额远低于价格和规模相似的平台 2 的市场份额，则平台 1 应提高确权可信能力，以此提升利润。

（4）均衡状态下的服务价格，确权可信能力、利润以及市场份额与 H 型消费者比例 u 无关：在情形 1 下，两家平台都只提供传统确权方案。因此，H 型和 L 型消费者都只能选择传统确权方案，缺乏选择的消费者没有实质性差异，因此 H 型消费者比例 u 未影响到均衡状态下的价格、确权能力和利润等指标。

（5）均衡价格 $p=t$，均衡利润 R 与 t 呈正相关关系。情形 1 时，均衡价格恰与平台差异程度相等，二者呈正相关，可知平台在设计服务时，应当注重和竞争对手的差异性，并努力提高服务差异程度，以提高服务定价并获得更高利润。

命题 3-2：在情形 2 下，两平台达成均衡状态时，其最优确权可信能力相同，最优价格相同，利润相同，市场份额相同。从命题 2 中，可得结论：

（1）确权可信能力与 b 呈正相关。

（2）确权可信能力与确权成本系数负相关。

（3）均衡状态下，两家规模和价格类似的平台的市场份额相同。

命题 3-3：平台服务差异小时，均衡状态下的确权可信能力随着 u 的增加先增加后降低。

若 $t < \dfrac{3g}{2}$：

（1）当 $u \in \left(0, \dfrac{1}{2} - \dfrac{t}{3g}\right)$ 时，平台的确权可信能力随 u 的增加而增加。

（2）当 $u \in \left(\dfrac{1}{2} - \dfrac{t}{3g}, 1\right)$ 时，平台的确权可信能力随 u 的增加而降低。

（3）当 $u = \dfrac{1}{2} - \dfrac{t}{3g}$ 时，平台的确权可信能力取得最大值。

命题 3-4：对比情形 1 和情形 2 中的最优定价及最优确权可信能力，可以发现：

（1）情形 2 时的平台均衡价格高于情形 1：当 2 家平台都开放区块链渠道后，H 型消费者会优先选择区块链渠道进行确权服务，而此时，平台可以提升价格而不必担心失去这批消费者（由于其延误损失 d 的存在）；其次，由于通过区块链渠道确权，平台方需要额外支付 g 作为上链费用，即成本提升，平台会制定相对更高的价格来弥补损失，即服务价格提升。

（2）情形 2 时平台最优确权可信能力与情形 1 时的关系取决于 g、u 和 t 的大小：当 $3g(u-1)+2t>0$ 时，情形 2 下的最优确权可信能力降低；当 $3g(u-1)+2t<0$ 时，情形 2 下的最优确权可信能力提高：当 2 家平台服务差异度 1 足够大（表现为 $3g(u-1)+2t>0$）时，平台竞争不充分，其提升确权可信能力的意愿较低，故确权可信能力在较低水平达成均衡；当 2 家平台服务差异度 1 足够小（表现为 $3g(u-1)+2t<0$）时，平台竞争激烈，需要通过提升确权可信能力的方式提高竞争力，因此确权可信能力在较高水平达成均衡。

3.2.5　数值分析

本节采用数值分析的方式讨论 H 型消费者比例 u 以及区块链确权证据

认可程度 w 的取值对不同决策情况下平台利润的影响。不失一般性，设定 $a=10$，$b=5$，$t=2$，$g=3$，$d=20$。通过 Mathematica 软件，绘制出三种情况，2 家平台利润情况与 H 型消费者比例 u 以及区块链证据认可度参数 w 之间的关系如图 3-1 所示。

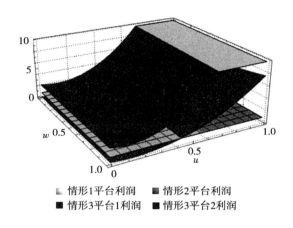

图例：
- 情形1平台利润
- 情形2平台利润
- 情形3平台1利润
- 情形3平台2利润

图 3-1 双寡头平台竞争利润模拟图

纵向透视图 3-1，可以得到图 3-2，在图 3-1 中，水平方向坐标轴分别代表 H 型消费者比例 u 以及区块链证据认可度参数 w，垂直方向坐标轴表示平台利润 R。图 3-1 中的图例颜色对应的曲面表示各个平台在各种情况下的利润图像。采用正上交视角透视观察图 3-1，得到图 3-2，图中虚线代表各个曲面的相交线，相交线将二维平面分割成 3 个区域，平台在各区域的最优决策如图 3-2 所示。

由上可知，①当 u 较小时（区域 1 中，两平台将在情形 2 下达成均衡。②当 u 较大时（区域 2 及区域 3 中），两平台将在情形 3 下达成均衡。在区域 2 和区域 3 内，有一个非常有趣的现象：一家平台开放区块链渠道，会使 2 家平台整体提高利润，且开放区块链渠道的平台所得到的利润会更高。因

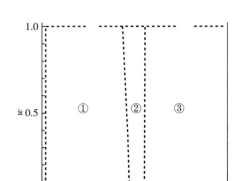

图 3-2　纵向透视图

此，在该情形下，2 家平台都会投入资源进行研发，以尽快推出区块链渠道获得更高利润，但当两平台都推出了区块链渠道时（情形 2），则又会导致双方整体利润降低。因此双方平台又会选择主动关停区块链渠道以提高双方的利润，但主动关闭区块链渠道的平台方获利相对较小。

3.3　模型拓展及分析

通过拓展的博弈模型研究新兴平台和现有平台之间的竞争，假定新兴平台采用区块链渠道确权，而现有平台可选择仅支持传统渠道确权或同时开放两种渠道的确权。假设平台 1 为现有平台，平台 2 为新兴平台，其竞争情况如表 3-2 所示。

表 3-2 平台决策情况

平台 1 决策	平台 2 决策	双方决策
两种（D）	区块链（B）	（D，B）情况 4
传统（T）	区块链（B）	（T，B）情况 5

3.3.1 扩展模型下，平台决策分析

情形 4 及情形 5 的最优结果展示如表 3-3 所示，表中，$\dfrac{H_{41}}{D_4}$、$\dfrac{H_{42}}{D_4}$、$\dfrac{L_{41}}{D_4}$、$\dfrac{L_{42}}{D_4}$、$\dfrac{C_{41}}{3D_4}$ 及 $\dfrac{C_{42}}{3D_4}$ 分别表示情形 4 最优情形下，H 型消费者为平台 1 和平台 2 贡献的利润；L 型消费者为平台 1 和平台 2 贡献的利润；平台 1 和平台 2 的确权成本。

表 3-3 情形 4 和情形 5 最优解

指标	情形 4	情形 5
k_1	$\dfrac{6abt(6t(1+u(w-1)))+g(u-1)(-2+7u(w-1))-G_1}{12at(18at-b^2(1+2u(w-1)+u^2(w-1)^2+w^2))}$	$\dfrac{b(-3a(g+3t-du)+b^2w^2)}{3a(b^2(1+w^2)-18at)}$
k_2	$\dfrac{12abt(3t+g(u-1))w-G_2}{12at(18at-b^2(1+2u(w-1)+u^2(w-1)^2+w^2))}$	$\dfrac{bw(b^2+3a(g-3t-du))}{3a(b^2(1+w^2)-18at)}$
p_1	$\dfrac{12at(a+3t+2gu)+G_3}{36at-2b^2(1+2u(w-1)+u^2(w-1)^2+w^2)}$	$\dfrac{6at(g+3t-du)-2b^2tw^2}{18at-b^2(1+w^2)}$
p_2	$\dfrac{12at(3t+g(2+u))+G_4}{36at-2b^2(1+2u(w-1)+u^2(w-1)^2+w^2)}$	$\dfrac{b^2(g+2t+gw^2)-6at(2g+3t+du)}{b^2(1+w^2)-18at}$

续表

指标	情形 4	情形 5
R_1	$\dfrac{H_{41}}{D_4}+\dfrac{L_{41}}{D_4}+\dfrac{C_{41}}{3D_4}$	$\dfrac{(b^2-18at)(b^2w^2-3a(a+3t-du))^2}{9a(18at-b^2(1+w^2))^2}$
R_2	$\dfrac{H_{42}}{D_4}+\dfrac{L_{42}}{D_4}+\dfrac{C_{42}}{3D_4}$	$\dfrac{(-b^2+3a(g-3t-du))^2(18at-b^2w^2)}{9a(b^2(1+w^2)-18at)^2}$

其中，

$$G_1 = b^3w^2(4t(1+u(w-1))+3g(u-1)u(w-1));$$

$$G_2 = b^3w(1+u(w-1))(4t(1+u(w-1))+3gu(u-1)(w-1))$$

$$G_3 = b^2(-4tw^2+gu((u-1)^2-(u-1)(2u-3)w+((u-3)u-2)w))$$

$$G_4 = b^2(-4t(1+u(w-1))^2+g(u+u^2(w-4)(w-1)-3u^3(w-1)^2-uw-2(1+w^2)))$$

3.3.2　数值分析

用数值分析的方式分析 H 型消费者比例以及区块链确权证据认可程度 w 的取值对不同决策情况下平台利润的影响。不失一般性，设定 $a=10$、$b=5$、$g=3$、$t=2$，$u\in(0,1)$，$w\in(0,1)$。绘制平台利润与 H 型消费者比例 u 以及区块链证据认可度参数 w 之间的关系如图 3-3 所示。

在图 3-3 中，水平方向的坐标轴分别代表 H 型消费者比例 u 以及区块链证据认可度参数 w，垂直方向坐标轴表示平台利润 R。如图 3-3 所示的颜色对应的曲面代表各情形下平台的利润图像。采用正上交视角透视观察图 3-3 得到图 3-4，图中虚线代表各曲面的相交线，相交线将平面分割成 5 个区域，各区域内，平台最优决策如下：

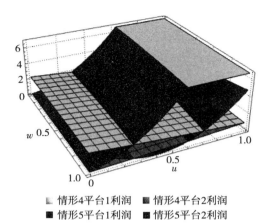

情形4平台1利润 ■ 情形4平台2利润
■ 情形5平台1利润 ■ 情形5平台2利润

图 3-3 扩展模型平台利润模拟图

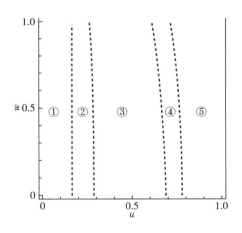

图 3-4 纵向透视图

当 H 型用户比例 u 较小时（区域1~4内），平台1会选择同时开放两种渠道的确权服务，以获得更高利润，而此时，平台2由于仅能维持区块链渠道，只能被动接受平台1决策改变所带来的影响（收益降低），双方平台在情形4下达成均衡状态；当 H 型用户比例较高时（区域5）中，平台1会仅开放传统确权渠道，平台 2 仍仅支持区块链渠道，即双方在情形 5 时达成均衡。此时的结果是出乎意料的，即在 H 型用户占比较高时，平台 1 却主动放弃更易被 H 型用户接受的区块链服务，转为仅支持传统渠道，出现这种情况的原因是：平台提供区块链服务需要为每次服务额外支付区块链确权费用 g，当 H 型用户较少时，支付区块链确权费用 g 能够为平台 1 带来更多消费者，并提高其收益，当 H 型用户数目增多时，区块链确权费用的支出将极大程度地提高，会降低平台 1 的收益，而此时若只提供传统渠道的服务，虽然会导致一部分 H 型用户倒向平台 2，但由于 H 型用户的基数较大，仍将有许多 H 型用户留在平台 1 接受传统渠道的服务，反而能获得更高的利润。

3.4 本章小结

管理确权可信能力和应对新渠道的冲击在知识产权管理平台的竞争中起到关键作用。本书针对双寡头知识产权管理平台最优竞争决策，提出了基于 Hoteling 模型的三阶段博弈模型，运用数值分析，分析了平台在应对外界环境时所应当做出的最优决策选择；并将模型进行扩展，探索了新兴平台与现有平台竞争时的最优决策。主要研究结果及实践启示如下：

3.4.1 在双寡头竞争环境下，两平台选择相同的确权渠道时

（1）均衡状态下，两平台的确权可信能力、价格、收益和市场份额相

同。由此可得：具有垄断地位的平台应关注其竞争对手的决策，并做出相应的调整，使双方服务水平、价格等维持相近水准，以此获得最优的利润。例如，当平台发现规模、服务水平等与自身接近的竞争对手，其盈利远高于自身时，提升自身盈利的最直观方案就是与对手保持一致。

（2）提供基于区块链的知识产权确权渠道将会使平台的均衡定价提高。此结果表明，扩充确权渠道会增加成本，提高服务价格，因此平台在做出扩充确权渠道的决策前，应结合当前所处的环境分析确权渠道的扩充能否提高盈利。

（3）均衡的确权可信能力与确权可信能力效用系数呈正相关。效用系数越大，表明消费者对确权可信能力的重视程度越高。此时，高确权可信能力的平台会吸引更多的消费者。此结果说明，平台应当根据市场环境中消费者效用系数的高低，动态调节其在确权可信能力方面的支出，以提升盈利。

（4）确权可信能力与确权成本系数呈负相关。该结果表明，平台不应一味地提升确权可信能力，应当在确权成本的增加和盈利的提升中寻求均衡，另外平台也应当引入新技术、优化流程等来降低成本系数。

3.4.2　在双寡头竞争时，平台提供确权渠道的决策应根据市场环境的变化进行动态调整

具体如下：

（1）高时效性用户占比较小时，两平台应同时开放两种渠道的确权服务。

（2）高时效性用户占比较大时，若一平台应同时开放两种渠道的确权服务，那么另一平台应仅提供传统渠道的确权服务。由此可知，市场环境

变化将对平台决策产生重要影响，平台应监控及预判外部市场环境，结合行业研究报告等分析未来变化趋势，积极调整决策。例如，近年来短视频、视频日记、直播等新兴内容产业蓬勃发展，市场中高时效性用户占比逐渐增加，平台应当积极准备基于区块链技术的确权渠道，以提升平台竞争力。

（3）当新兴平台与现有平台竞争时，现有平台应关注高时效性用户占比。当高时效性用户占比较小时，现有平台应当开放区块链渠道的确权服务，积极参与竞争，并抢占新兴平台市场份额，获得更高利润；当高时效性用户占比较大时，维持区块链渠道的。

本章附录

$$H_{31} = u(12at(3t+du+g(-3+2u))+b^2(-4t+g(-1+u)(-4+u(-1+u(-1+w)))(-1+w)))(72a^2t^2(3(d+t)-(2d+g)u)+b^4(-1+u)(4t(1+u(-1+w))+3g(-1+u)u(-1+w))(-1+w)-6ab^2t(-2d(-1+u)(2+u(-1+w))+g(-1+u)u(4+4u(-1+w)-9w)(-1+w)+2t(5-3w+3u(-1+w)(2-u+(-1+u)w))))$$

$$L_{31} = -(-1+u)(12at(3t+(d+2g)u)-b^2(4t+gu(1-u(2+u(-1+w)-3w)(-1+w)+3w)))(72a^2t^2)(3t-(2d+g)u)+b^4u(4t(1+u(-1+w))+3g(-1+u)u(-1+w)+gu(-1+w)(3+u+4u^2(-1+w)-6uw)+2du(-2+u-uw)))$$

$$C_{31} = (6abt(-(-1+u)(6t+2du+7gu)+u(6t+2du+g(-9+7u))w)+b^3(-4t(1+u(-1+w))+3gu(-1+u+w-uw)))^2$$

$$H_{32} = u(12at(3t+g(-3+u)-du)+b^2(-4t(1+u(-1+w))^2+g(4-u(-7+u(8+3u$$

$$(-1+w)-5w))(-1+w))))(72a^2t^2(3t+gu+d(-3+2u))-b^4(-1+u)(4t$$

$$(1+u(-1+w))+3g(-1+u)u(-1+w))(-1+w)+6ab^2t(-2d(-1+u)(2+$$

$$u(-1+w))+g(-1+u)u(4+4u(-1+w)-9w)(-1+w)+2t(1+u(-1+$$

$$w))(1-u+(-3+u)w)))$$

$$L_{32}=-(-1+u)(12at(-3t-g(-3+u)+du)+b^2(4t(1+u(-1+w))^2+g(-4+u$$

$$(-7+u(8+3u(-1+w)-5w))(-1+w))))(-72a^2t^2(3t+(2d+g)u)+$$

$$b^4u(4t(1+u(-1+w))+3g(-1+u)u(-1+w))(-1+w)-6ab^2t(2t(-2+$$

$$u(-1+w))(1+u(-1+w))+u(g(3+u(1+4u(-1+w)-6w))(-1+w)+$$

$$2d(-2+u-uw))))$$

$$C_{32}=(-12abt(3t+(-d+g)u)+b^2(1+u(-1+w))(4t(1+u(-1+w))+3g(-1+$$

$$u)u(-1+w)))^2$$

$$D_3=48at^2(-18at+b^2(2+u(2+u(-1+w))(-1+w)))^2$$

$$L_{41}=(-1+u)(-72a^2t^2(g+3t-gu)-b^4u(4t(1+u(\ )-1+w))+3g(-1+u)u(-1+$$

$$w))(-1+w)w^2+6ab^2t(g(-1+u)u)(-5+4u(-1+w))(-1+w)+2t(3u$$

$$(-1+w)+3u^2(-1+w)^2+2w^2)))(12at(g+3t+2gu)+b^2(-4tw^2+gu((-1+$$

$$u)^2-(-1+u)(-3+2u)w)+(-2+(-3+u)u)w^2)))$$

$$C_{41}=-(6abt(g(-1+u)(-2+7u(-1+w))+6(t+tu(-1+w)))+b^3w^3(-4t$$

$$(1+u(-1+w))+3gu(-1+u+w-uw)))^2$$

$$H_{42}=Xu(-12at(3t+g(-1+u))+b^2(1+u(-1+w))(4t(1+u(-1+w))+3g$$

$$(\ )-1+u)u(-1+w)))(-72a^2t^2(3t+g(-1+u))-6ab^2t(2t(1+u(-1+$$

$$w))(1+u(-1+w)-3w)+g(-1+u)(2+u(2+4u(-1+w)-7w))(-1+$$

$$w))+b^4(-1+u)(4t(1+u(-1+w))+3g(-1+u)u(-1+w))(-1+w)w^2)$$

$$L_{42}=-(-1+u)(12at(3t+g(-1+u))-b^2(1+u(-1+w))(4t(1+u(-1+w))+$$

$$3g(-1+u)u(-1+w))(72a^2t^2(3t+g(-1+u))+6ab^2t(2t(-2+u(-1+$$

$$w))(1+u(-1+w))+g(-1+u)u(-5+4u(-1+w))(-1+w)-b^4u(4t(1+u$$
$$(-1+w))+3g(-1+u)u(-1+w))(-1+w)w^2)$$

$$C_{42}=b^2(-12at(3t+g(\ )-1+u))+b^2(1+u(-1+w))(4t(1+u(-1+w))+3g$$
$$(-1+u)u(-1+w)))^2w^2$$

$$D_4=48at^2(-18at+b^2(1+2u(-1+w)+u^2(-1+w)^2+w^2))^2$$

$$L_{31}=-(-1+u)(12at(3t+(d+2g)u)-b^2(4t+gu(1-u(2+u(-1+w)-3w)(-1+$$
$$w)+3w)))(72a^2t^2)(3t-(2d+g)u)+b^4u(4t(1+u(-1+w))+3g(-1+u)u$$
$$(-1+w)+gu(-1+w)(3+u+4u^2(-1+w)-6uw)+2du(-2+u-uw)))$$

第4章　基于区块链的数字作品知识产权保护策略研究

　　自互联网技术出现以来，数字技术的快速多样发展以及信息技术的普及推动了各行各业的数字化转型，并由此形成了大批新业态的形成，其中包括数字出版业。《2019—2020年中国数字出版产业年度报告》显示，2019年我国国内数字出版产业整体收入规模为9881.43亿元，比2018年增长11.16%（中国数字出版产业年度报告课题组，2020），这种惊人的增长速度说明了数字出版行业的巨大潜力和广大市场。

　　然而，数字作品在为消费者提供更加便利舒适的感知体验、为创作者和发行平台创造更高的曝光率、吸引更多受众的同时，也引发了一系列相关的问题。在繁杂庞大的互联网络中，由于网民对数字作品的知识产权保护意识相对淡薄、网络数据量大不易监测、数字作品内容类型多样、侵权者网络准入成本侵权成本低、侵权手法多变且相关维权惩罚困难等原因，使数字作品知识产权的侵权问题异常严重。对于数字作品创作者来说，使用传统的知识产权管理方式需要向相关知识产权管理机构提出申请并得到相关证明，然而这种方式登记成本较高，周期可能长达1~3个月之久；并且即使能够确定相关知识产权的权益，如何在庞杂的网络中监测侵权行为，监测到之后是否要付出相关成本去维权，这一系列问题都是需要创作者，尤其是一些实力较小的数字作品作者团队考虑的。诸多的问题造成了数字作品知识产权保护的困难局面，一方面对创作者的创造积极性产生了一定的不利影响，另一方面也使知识产权购买者的相关权益不能得到有效保障，甚至可能会推动积极的数字作品知识产权权益保护者向盗版低头，从而形成恶劣的循环，严重破坏我国数字文化产业的持续高质量发展。

由于区块链技术具有不可篡改、去中心化、公开透明的特点，使它成为了解决现有知识产权保护困境的有效手段。2021年3月，全国人大表决通过了"十四五"规划，其中多次提到了注重知识产权，尤其是新领域新业态的知识产权的保护以及制度完善，并且在其中的第十五章强调打造数字经济新优势时又一次引入区块链技术，提出重点加快发展联盟链体系以及建设多领域的区块链解决应用方案。区块链作为近年来无论是政府部门、各行业企业还是研究院校都高度重视的技术方向，为诸多问题都提供了相应的解决方案，知识产权保护问题便是其中受到广泛关注的一部分，并且随着产业的发展出现了诸如安存、版权家等国内知识产权保护平台。然而由于使用的联盟链不同、地方性相关法律法规不完善、平台鱼龙混杂等问题，区块链引入后对于数字作品知识产权保护的效果不尽如人意，大批平台因此倒闭，进而也使知识产权拥有者的相关权益不能得到有效保护。

本章基于区块链以及数字作品知识产权等相关背景，提出以下研究问题：

（1）当前区块链在数字作品知识产权应用场景中，参与各方的需求以及现有平台的供给关系是怎样的？

（2）是否有可能搭建出本书中基于区块链技术的在线平台数字作品知

识产权保护体系？以进一步规范出相关的服务流程？

（3）针对提出的体系架构和现有的实际情况，应当如何布局基于区块链技术的在线平台数字作品知识产权保护策略？

4.1 在线平台数字作品知识产权保护现状分析

本节首先对在线平台数字作品只是产权的需求侧进行分析；其次探究在线平台数字作品知识产权的供给侧。

4.1.1 在线平台数字作品知识产权保护的需求分析

4.1.1.1 在线平台

在线平台主要是指为用户提供知识产权保护的社交媒体（如简书）、研究论坛（如 steemit）、传统的网络知识产权管理平台以及专门提供数字作品知识产权管理保护的相关第三方平台（如版权家、安存等）。这些平台目前或多或少地使用了区块链技术对自身服务进行改进和升级，但仍存在一些问题。对社交媒体和研究论坛而言，其往往采用区块链的架构去发行 Token，通过作者与读者的互动来奖励创作者，但对于创作者作品知识产权的保护并没有一套非常完善的保护机制，主要依靠第三方平台实施。其原因在于，保护行为对平台本身的利益没有好处，所以平台积极性不高；而传统的知识产权管理平台虽然有引入区块链保护机制，但是其主体服务还是通过国家部门颁发的证书证明来进行的，区块链只是在一定程度上提高了服务的效率与质量，也会有局限性；而最为主要的专业化平台完全抛开了传统的方式，利用区块链技术打造了各自的服务体系，不过由于各自的利益以及使用的区块链的不同，它们之间的数据不能互通，可能会导致一个产品在多个链上都有记录的情况。因此，需要有一些行业领导者或者政府部门牵头利用跨链技术将各条区块链的数据互通联系起来，防止出现无法判定的情况，同时相关法律法规的出台以及司法部门的支持也是亟须考虑的问题。

4.1.1.2 知识产权所有者

对于知识产权的所有者来说，平台的知识产权一体化服务和方便的法律维权尤为重要。首先，能否实现方便快捷地将自己的作品上传登记到区块链中，并利用强大的监测手段监测到大范围的网站侵权行为是首要的需求；其次在监测之后能不能截取有力的证据并利用证据链上的存证信息寻求到司法部门的支持来制止侵权行为、获得相关的赔偿也是十分重要的；再次，知识产权所有者更加希望能够获取明朗的知识产权交易信息，以保证自身的权益不会被第三方平台侵害，同时交易的流程也应该更加方便，使购买者和创作者都能够轻松地完成；最后，每件作品的服务成本和相应的法律支持力度也是产权所有者十分重视的方面。

4.1.1.3 普通用户

在相应的应用场景中，普通用户一般进行知识产权的购买，这要求管理平台能够提供数字作品的购买渠道。并且由于不是所有的购买者都拥有区块链相关的知识背景，所以平台应该提供简便的购买渠道，并通过智能合约等方式将购买信息上链储存以提供给普通用户相应的数字签名，保证在知识产权拥有者进行查询时能够清楚有多少授权作品被卖出，购买者也可以保证自身购买后的相关使用权益。

4.1.2　在线平台数字作品知识产权保护的供给分析

4.1.2.1　传统知识产权管理中心

在网络技术大范围推广之前，我国对于知识产权的保护主要依赖于各地方政府部门辖下的知识产权管理中心，这些中心建立有自身的数据库，并可以按照编号将数据汇集到国家知识产权管理中心进行统一存储。在知识产权的拥有者提出申请并上交纸质版登记表后，管理中心会检查相关材料，材料齐全并通过审查后，中心会颁发由国家知识产权管理中心统一印制的证明。而在保护阶段，管理中心对于数字作品的保护主要是靠 DRM 技术，其在前期发挥了巨大的作用。但是在 5G 技术问世之后，又一轮新的技术革命开始进行，甚至陪伴着网络动画设计走过一大段时间的 Flash 也被主流浏览器和操作系统所禁止，这说明将会有越来越多的表现形式和文件类型问世更迭。而对 DRM 知识产权保护技术体系来说，一方面使用 DRM 的传统平台之间由于系统不尽相同而形成了垄断，不能互相连通；另一方面 DRM 应用时作品的文件类型与系统要求相同是 DRM 使用的前提（马建平和周丽丽，2012），雨后春笋般的新格式使传统技术有些力不从心；传统登记繁杂的操作流程和高昂的成本也让许多小微作品的作者望而却步；纸质版的证书证明也给远距离的司法维权带来了不少麻烦，传统的知识产权管理中心模式面临困难，图 4-1 是我国现有的传统作品著作权网上登记流程，可以看出流程比较烦琐。

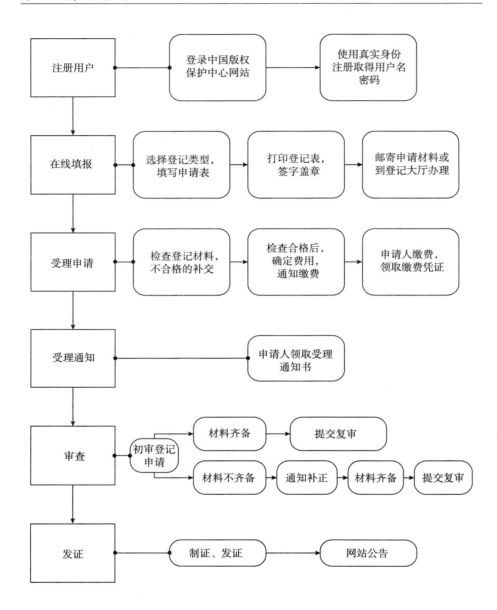

图4-1 传统知识产权管理中心作品著作权网上登记流程

资料来源：中国版权保护中心。

4.1.2.2   传统知识产权保护平台

针对管理中心在运营中遇到的问题，出现了一批传统的知识产权管理平台，例如 Pixsy 等，他们并非采用区块链作为解决问题的手段，而是将用户上传的需要进行知识产权保护的作品传入自身数据库中，并针对不同的作品类型使用不同的提取技术提取特征值，然后利用大数据搜索技术开始对全网信息进行排查，搜索特征值相似的侵权产品，以保护用户的知识产权。由于使用了较为新颖的技术，所以最终的保护效果比管理中心的监测效果更好，但是由于这些平台都是独立存在的，以营利为最终目的，它们的数据库一方面容易出现漏洞，另一方面也不会与其他平台共享。这样既不利于平台的长久发展，也不利于用户的权益。

4.1.2.3   区块链知识产权保护平台

区块链的引入很好地解决了上述两类平台出现的问题。区块链的永久保留和公开透明可以让全国各地的司法机构、维权组织查到相关的知识产权信息，只要相关的信息以及司法机构的判定标准能够支持申诉人的诉求，那么就可以方便有效地提供证据；并且由于区块链本身是一个分布式数据存储账本，所以它对于文件类型的要求并不严格，只需要对作品本身的信息进行文本分析后将关键性的内容转换成哈希值后存入链上就可以确保作品的知识产权明确；时间戳的加入保证了能够十分可信地确定产权上链时间；区块链本身并不需要过多的单独某一方的维护，而是由所有的节点共同保证系统的正常运行，这样一方面保证了用户上传的信息不会被轻易地更改，另一方面也从结构方面确保了服务成本不会太高，使一些小型作品的创作组织可以低成本保护自己的作品，实现平台和知识产权所有者之间的

"双赢";因为区块链系统只需要上传后平台认证成功,便可以通过哈希运算来登记上链,大大简化了手续办理的时间,节省了用户的时间成本;引入跨链技术后,区块链技术可以完美地使不同链上的知识产权数据互通,而不泄露商业数据,帮助平台安全地保护自身的同时更好地维护用户的权益。

4.2 基于区块链技术的在线平台数字作品知识产权保护体系

本节首先探讨基于区块链技术的在线平台数字作品知识产权保护平台的架构;在此基础上,分析基于区块链技术的在线平台数字作品知识产权保护体系。

4.2.1 基于区块链技术的在线平台数字作品知识产权保护平台架构

本节使用联盟链架构搭建知识产权保护平台,并使用侧链、跨链等相关技术将现有的各条区块链联系起来,防止出现分歧,以扩大平台的适用范围。对联盟链来说系统界限尤为重要,比特币区块链的所有节点权限均相同,但是由于商业行为本身的特点不允许所有的节点拥有相同的权限,所以必须要对联盟链的准入权限和读取权限进行设定,其中对于官方机构(如中国版权登记中心、互联网法院、知识产权数据中心等)以及相关的保护平台(如版权家、安存等),应该赋予它们进行共识和验证的权限,负责区块链系统的出块和核实，而在出现了新的机构后，只要他们经过了资质核验拥有了运营相关的能力后，可以授予他们同样的权限，这样相较于天平链来说，只要是有关的机构组织都拥有同等的地位，而不是被官方管理部门掌握着共识和出块权限；对于普通的用户来说，由于所有的操作一般都是从第三方平台来进行的，所以不需要加入到联盟链中，只需要通过各个平台互相搭建的侧链来进行相关信息的核查就可以，当然如果有需要，可以将节点进行分级，开拓用户级的节点授予查询信息的权限，而不参与共识和核验，这一点可以借鉴 Fabric 的多通道机制来分开两类节点，一方面保证了商业数据的安全性和共识的效率，另一方面也保证了用户的权益。

本架构基于区块链技术六层模型搭建，由多个互相可信的知识产权保护相关组织为节点形成联盟链：

（1）数据层仍使用标准的区块链内容进行搭建，主要封装服务中需要进行储存的信息，比如区块链本身的一些哈希函数、时间戳等，为了简化封装的内容，数字作品本身可以被存储在本地的服务器中，只是用文本提取技术或者图画特征提取技术将特征值提取出计算哈希值后以 Merkle 树形式计算出并存储在数据层中。

（2）网络层则是存有 P2P 网络传输协议，保证节点之间能够互相验证身份进行数据传输。

（3）共识层引入改进后的 CPBFT 作为共识算法，目前经常使用的 PBFT 算法可以解决在有错误节点和恶意节点时分布式系统的共识问题，但是由于在其他节点验证信息正确时需要向所有的节点发送验证成功的信息，导致了使用 PBFT 算法的联盟链网络在节点增加时效率会飞速下降，这样一方面不利于知识产权服务的进行，另一方面也会使系统的运行成本增加。而改进后的 CPBFT 算法的验证机制相比 PBFT 有了一定的优化，其流程如

图 4-2 所示，其中的验证环节改为了各节点验证主节点的消息后，将信息返回给主节点，且待主节点收到的验证成功消息大于等于全部节点的 2/3 时，主节点将验证信息打包发给其他节点，这时其他节点进行统一验证，同意后将信息写入联盟链之中，改进后的 CPBFT 算法继承了 PBFT 优秀的验证机制并且大大减弱了当节点数量增加时的系统压力，十分可靠。

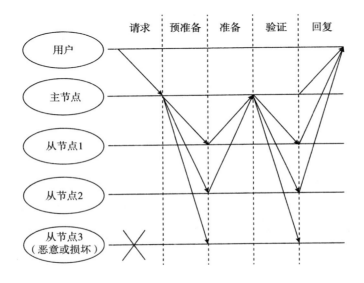

图 4-2　CPBFT 算法公识流程

（4）平台的相关服务均由智能合约执行，由于现有的各服务平台均使用自己的区块链，所以使用的智能合约都由平台本身打造，这就留下了一定的隐患，因为单一平台打造的智能合约很容易出现漏洞，从而造成平台和用户的损失，所以应该由版权管理中心等有关部门与所有平台一同进行智能合约的编写，确保全流程的保护服务能够完美地进行。

（5）由于是营业性质的联盟链，所以本架构本身不需要激励层的搭建，而应用层可以由各平台自行搭建，并利用已有的智能合约将平台本身的应用场景搭建完成。本构架主要是为了解决数字作品知识产权的登记、监测、维权、交易功能，当然也包括了用户的基础功能如注册、搜索查看等功能，其具体结构如图 4-3 所示。

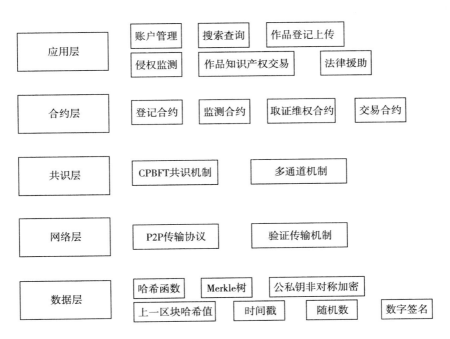

图 4-3 基于区块链技术的在线平台数字作品知识产权保护平台架构

4.2.2 基于区块链技术的在线平台数字作品知识产权保护体系构成

4.2.2.1 基于区块链技术的在线平台数字作品知识产权的登记

知识产权的登记是所有数字作品知识产权保护的服务前提。在本体系中，用户需要首先在国家相关的知识产权管理中心用真实身份注册账号，而相关的账户可以在全体系中流通，包括第三方保护平台；在拥有了唯一对应的身份信息之后，用户将所要进行保护的数字作品上传至知识产权保护平台，平台通过特征提取技术提取出作品的相关信息，并与链上已有的数据库进行对比，确认作品的原创性，确认完成后将作品提交给知识产权管理中心数据库，以保存作品原件并取得数字证书；然后保护平台将作品的数字证书、时间戳、作品本身的特征哈希值和作者信息等数据进行哈希计算得到哈希值，作为 Merkle 树的枝节点和其他交易一起汇总入根节点中实现链上存证。为了保证知识产权区块链的司法有效性，平台还会利用跨链技术将知识产权区块链和司法区块链相连接，将链上所存储的区块哈希值传给司法区块链进行存储；接着司法区块链向知识产权区块链返回相应作品的存证编号，平台将两条链上的存证编号以及知识产权管理中心的数字证书打包给用户；用户可以通过保护平台来查询自身登记作品的相关证明信息，图 4-4 描述的是本体系中用户登记作品的流程。

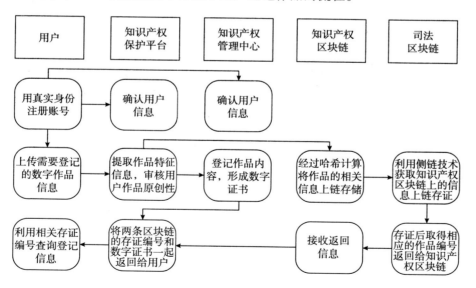

图 4-4　基于区块链技术的在线平台数字作品知识产权登记流程

4.2.2.2　基于区块链技术的在线平台数字作品知识产权的监测

对于知识产权的保护来说，难点之一在于对全网侵权行为的监测，由于区块链技术本身是一种分布式数据库，负责存储功能，所以需要引入特征提取技术和网络爬虫技术进行对全网信息的监测，目前很多传统的第三方知识产权保护平台也使用这类反向识别技术对自身数据库中的保护作品进行监测。首先利用网站素材爬虫技术识别出网站的音频、视频、文档等类型的文件并提取下来；其次通过特征提取技术将这些素材的一些特征进行提取，例如音频的文字摘要、视频的样本点采集、文档的摘要信息采集等；最后对比分析是否与已有数据库中的作品相似，若相似度达到一定的百分比，则记录相关网站的网址、访问时间等信息到知识产权区块链中，如图 4-5 所示的是监测取证流程。

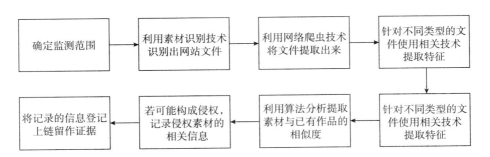

图 4-5　基于区块链技术的在线平台数字作品知识产权监测流程

4.2.2.3　基于区块链技术的在线平台数字作品知识产权的维权

在发现侵权行为后，保护平台将第一时间根据收集到的网站信息以及区块链上保存的交易信息来判断是否是授权文件，若是已授权文件，则记录下相应的信息，下次监测时不再进行取证；若是未授权文件，则立即通知用户并要求侵权平台立即停止侵权行为，当用户同意通过法律维权时，平台将知识产权区块链上存储的侵权信息和司法区块链上的存证编号发送给司法区块链确认，司法区块链确认侵权信息后将侵权文件上链保存，地址返回给知识产权保护平台，平台将数字证书、确权文件的存证编号和侵权文件的存证地址一同交给司法部门进行验证，验证成功后由司法部门决定是否立案及审理，审理结束后，平台将案件信息及赔偿返回给用户，如图4-6所示的是维权相关流程。

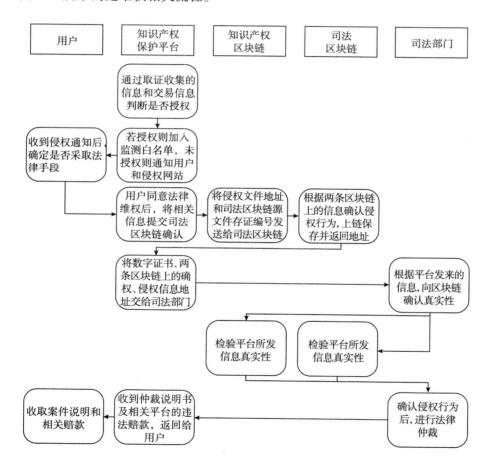

图4-6　基于区块链技术的在线平台数字作品知识产权维权流程

4.2.2.4 基于区块链技术的在线平台数字作品知识产权的交易

交易是知识产权保护平台的重要功能，当购买者想要购买某一件作品的知识产权用以商业行为时，首先要在平台注册相应的信息，以保证所有平台内的用户都是有实名认证可溯源的。

在此基础上，由购买者向平台提交相关的购买意愿，包括购买的作品、使用的年限及使用的程度等；平台收到购买意愿后通知知识产权所有者相关信息，在所有者同意交易后，平台通过智能合约将交易信息上链保存，并用跨链技术将信息传递给司法区块链进行司法凭证的登记，司法区块链和知识产权区块链将交易信息所在的地址返回给平台，平台则将信息返回给交易双方，同时将私钥交给购买者作为购买凭证。由于加密货币的价值波动较大，且并非所有用户都拥有加密钱包，所以本交易仍然使用法币作为流通货币，如图4-7所示为交易的相关流程。

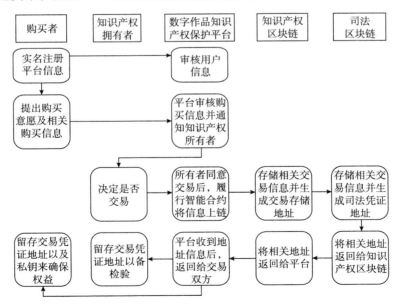

图4-7 基于区块链技术的在线平台数字作品知识产权交易流程

4.3 基于区块链技术的在线平台数字作品知识产权保护策略设计

作为新一代互联网技术的"领头羊",人们正在利用区块链技术逐步地改变传统的以信任为机制的交易、存储模式,基于前文对于区块链技术、数字作品知识产权基础知识的学习、对国内外发展现状的梳理以及对于区块链技术应用于数字作品知识产权保护的理论与实际应用的研究分析,可以得出使用区块链解决知识产权相关的问题是非常适合的,而且还有足够的政策支持和发展前景。通过对现状的分析,本书发现目前无论是相关的管理体制、保护平台本身还是整体的体系都有一定的漏洞和问题,由此本节提出一些保护策略来帮助解决现有的问题。

4.3.1 基于区块链技术的在线平台推广策略

由于区块链技术以及知识产权的普及率仍然不高,所以网民对于使用区块链技术进行数字作品知识产权的保护问题并不关心,这会严重影响行业的正常发展以及提供相关保护服务的在线平台的运营。所以本章认为应该普及区块链及知识产权知识,增加网民认知度和认同度,据此提出了以下策略:

4.3.1.1 联合各媒体平台,介绍区块链技术

由于区块链本身作为一种底层技术,大部分网民对于其相关概念及作

用不甚了解，仅停留在比特币这一代表性产品上。近年来，由于加密货币的价值和应用热度不断攀升，人们的视线集中在加密货币市场的起伏上，但对于其背后的区块链知之甚少，甚至将二者混同。甚至又由于加密货币市场的不稳定性，使网民对区块链产生抵触心理，这不仅容易误导大家将其当作一种金融经济工具，也会影响以区块链为架构的其他产品的普及与应用。因此无论是在线平台还是相关部门都应当及时联合媒体平台普及区块链真正的内涵，此举不仅有利于基于区块链技术的知识产权保护平台的推广，而且有利于推动区块链真正地在我国落地。

4.3.1.2　加快法律普及，推动知识产权保护建设

知识产权与每一个人息息相关，对于知识产权尤其是数字作品的知识产权，无论是平台还是相关的政府部门都应加大力度教育和宣传。只有在网民教育中，将知识产权的重要性以及侵害相关权益需要付出的法律责任传递出去，唤起网民对他人合法权益进行保护的自觉性，才能从根本上逐步解决网络侵权问题和盗版问题。相关部门也应该推进对现有体制的思考改进，不应该只拘泥于以法理事，侵权发生后再去处理，而是应该加强法律普及，研究激励机制鼓励网民自觉维护合法知识产权，努力做到赏罚分明。

4.3.2　基于区块链技术的在线平台架构策略

现有的区块链知识产权保护平台都已经有了一定的发展，也根据自身的需求联系了相关的行业合作伙伴搭建了联盟链，并进行知识产权的保护服务，但是知识产权的法律有效性应该是在全国范围内，而非某一区域或

者某一组织内，否则各行其是的区块链使行业内部杂乱无章，甚至会出现盗取他人的知识产权后在其他的区块链上登记存证的行为，而由于区块链公开透明不可篡改的特性，盗版者的存证信息会一直保留在系统之中并无法删除，平台的智能合约和自主监测运行机制又会保证侵权行为识别后的反馈与赔偿，最终会导致真正的知识产权拥有者利益受损，而这在区块链系统中甚至无法被制止。所以，据此本章提出了以下策略：

4.3.2.1 开通跨链接口，实现互利互惠

不同的知识产权保护区块链数据封闭会导致相当多的问题出现，只有将这些非商业保密性的存证信息公开共享在全部区块链网络中，才能使这个系统更加完美地运行，而解决这一问题的有效途径便是跨链和侧链技术。目前已经有许多跨链技术实现了应用并获得了成功，如 Interledger、Cosmos、Polkadot 等，这些技术手段都能帮助相关行业区块链实现互通数据并可以保护主要隐私。所以，在建立起相应的行业联盟之后，这些平台不一定需要再重新搭建联盟链，而是可以用跨链技术将各家的联盟链联系起来，这样既保证了竞争企业之间的数据隐私，又能够防止恶意注册现象的发生。

4.3.2.2 完善平台应用搭建，优化用户服务体验

区块链的底层架构都较为固化，只是一些共识算法和数据结构有区别，但是应用层是由各平台自行搭建的，其服务体系和应用的用户体验是决定保护平台能否长久运行的关键，而现阶段国内的保护平台一方面应用较为单一，专注于数字作品知识产权的流程化保护上而没有一些辅助性应用的设计；另一方面平台界面搭建都较为简单或者不明朗，不能明确地将平台的服务体系展现给用户，造成了用户使用不方便，也变相地使平台流失了

大量用户。所以如何增加服务体系的完整性并优化相关应用的界面设计是目前平台需要着重考虑的内容。

4.3.3　基于区块链技术的在线平台联盟体系策略

一个新兴行业的发展离不开统一规范的制度，在规范政策下进行良性竞争才能保证长久优良的进步。目前，我国的区块链在线平台数字作品知识产权保护行业还没有相对完整的规范制定，去中心化应该是一种思想，而不应该过分强调模式。所以现有的平台应该积极联络相关部门来搭建联盟，共同建立良好的行业生态，据此本章提出以下策略：

4.3.3.1　组建行业联盟，形成统一标准

虽然区块链技术应用于知识产权的保护已经是研究良久的话题，但是无论是国内还是国外都没能形成一套相对健全的体制去统筹行业，这不仅导致了行业的长期混乱与恶性竞争，出现了大量昙花一现的企业，骗取了投资后就石沉大海；还使用户望而却步，不稳定的行业发展让他们不愿意承受风险而继续使用传统的方式，极大地影响了行业的健康发展。去中心化是一种创新性的思想而不应该是一种刻板的模式，所以现有的相关在线平台，无论是专业化的保护平台，还是提供相应服务的社交媒体，都应该在相关部门的组织下组建相应的行业联盟，通过审核来规范平台，遏制住乱象并树立一个良好的行业形象；然后由行业联盟来决议形成统一的行业标准，包括联盟链的组建结构、相关服务的手续费用、智能合约的编程等，这样无论是国家部门整体管理还是平台的运营抑或是用户的使用，都会有一个相对规范的规定，在已有的行业框架上进行良性竞争，才能使区块链

知识产权保护行业有更好的发展。

4.3.3.2 积极联络相关部门，共同打造稳定生态

作为在线平台运营的核心内涵，区块链和知识产权是两个关键词，虽然数字作品大兴是在互联网大范围普及之后，但是知识产权的概念则是早就存在的，不断翻新的艺术品都在逐渐加入到数字作品的行列中来，两相对比，区块链则是"年轻"了许多，这也导致了许多登记在传统知识产权管理中心的作品面临着在区块链保护的体系中被忽视、被侵害的危险。所以在线平台应该积极与传统的知识产权管理中心数据库联系，帮助已注册过知识产权还未过期的用户登记备案，不仅可以迅速打造一个更加完善的知识产权管理体系，还能推广区块链和平台本身，一举两得。同样对于整个的保护体系来说，司法部门的监管是必不可少的环节，将它们容纳进生态中显然要比单纯地把它们视为第三方平台要好得多，帮助司法部门组建起区块链不仅可以帮助它们更好地整理案件数据，也能够反过来加强自身平台行业的公信力，提高司法维权的效率，可以说是两全其美。

4.4 管理启示

在互联网技术一直不断更新发展的今天，为了解决数字作品知识产权问题不断被恶意侵害、传统的知识产权保护体系又不能有效地解决这一情况的问题，本节基于对区块链技术的分析和探讨以及对于区块链应用于数字作品知识产权保护的现状和其适用性的分析，确定了相关问题是非常适

合使用区块链来破解的，并且通过对于实际中的平台运行的分析得出了在线平台、知识产权拥有者、普通购买者的需求；通过对于需求的剖析以及对现有平台的供给分析和体系重构，本章搭建出了基于区块链技术的在线平台数字作品知识产权保护体系，规范了相应的登记、监测、维权和交易流程，为相关平台及体系的搭建提供了一定的范式参考；最后，根据做出的需求分析和所提出体系架构的相关突破点，本章提出了基于区块链的在线平台数字作品知识产权保护策略，具体包括平台的推广策略、平台的架构策略以及搭建联盟体系的策略。通过实施相关策略，可以有效地提高在线平台利用区块链保护数字作品知识产权的效率和公信力，创造一个良好的网络环境；同时本章提出的策略在一定程度上可以给国家相关部门提供参考，来规范统筹这一新兴的潜力市场，为相关问题的解决提供了思路。

虽然本章从数字作品知识产权保护的各方相关参与者的角度出发，分析了各参与方的实际需求，设计了区块链数字作品知识产权保护体系并给出了相应的保护策略，但是本章仍有有待改进与优化之处。

（1）主要对理论概念模型进行了设计，尚未涉及区块链系统的代码实现部分。

（2）在搭建本保护服务体系的过程中，考虑到加密货币本身的性质，并未将其嵌入整个体系之中而是仍然采用法币交易，但由于区块链本身的特性和现在的实际趋势，许多的平台和用户都希望拓展加密货币的应用，该方面有待进行更多实现探索。

（3）以最优化扩展在线平台的区块链知识产权保护体系为基础，主要以在线平台本身的利益最大化为优进行了相关内容的设计，在应用于实际的过程中可能会出现研究内容与现实相冲突或者会对一方的利益造成损失的情况，因此在研究模型落地实践时需要根据实际的情况对模型进行优化改进。

第5章　基于区块链的数字作品知识产权管理系统设计

在数字化时代，数字作品的创作、传播和使用经历了前所未有的快速发展。很多数字作品是由团队合作完成的，例如电影制作、游戏开发等。在这种情况下，涉及团队成员之间的知识产权共享和管理。这使数字作品知识产权管理面临着新的机遇和挑战。为了有效保护数字作品的知识产权，创作者和权利人迫切需要一种创新性的管理系统，以适应数字化时代的需求。基于此，本章为实现数字作品知识产权的共享，更好地分配管理知识产权，使用联盟链和IPFS作为数字作品知识产权在线共享平台的基础架构，在保证数字作品知识产权安全可靠的同时，帮助解决潜在的知识产权问题和纠纷。具体而言，本章以科研团队为例，分析基于联盟链的科研数据共享模式；在此基础上，设计基于联盟链和IPFS的科研数据共享系统。

5.1　基于联盟链的数字作品数据共享模式

在数字作品知识产权的共享中，本质的问题是各主体之间缺乏一定的信任基础。因此，首先，通过联盟链将与数字作品有关的单位组成联盟，构建数字作品知识产权共享场景下的分布式信任基础，将有关数据存储在多个节点上，提高数据的可靠性和安全性，在保证数据可访问情况下避免数据被篡改或丢失。其次，联盟链和 IPFS 可以去除中介，使创作者可以更容易地与其他创作者或使用者建立合作关系，而不必依赖于传统的中介机构，降低了交易成本和交流成本。此外，在联盟链上加入数字作品管理的相关机构，这使管理更加透明、公正，并减少了不正当的权力集中。通过联盟链的权限管理机制可有效控制节点的进入和退出，对链上节点进行权限设置，实现对数字作品的细粒度访问控制，只有授权的成员才能访问和使用，避免了数据泄露和滥用的风险。此外，通过智能合约技术设置相应激励机制可有效促进数字作品知识产权的共享。

5.1.1　基于联盟链和 IPFS 的科研团队内的数据共享模式

由科研团队中的科研人员建立科研数据共享联盟链集群和 IPFS 集群，在区块链上记录科研数据的相关信息，在 IPFS 集群上存储科研数据原文件。通过建立科研团队内的分布式区块链和 IPFS 网络，能够保证团队内部稳定地共享使用科研数据，团队成员可以更方便地查找和使用资源，节省了时间和精力，并提高了工作效率。利用智能合约实现对科研数据相关信息的上链存储和查询，以及链上用户的注册及权限管理，保证科研团队内共享数据的可靠性。此外，还可通过智能合约建立公开透明的激励机制，促进科研团队成员分享科研数据，促进系统的良性运转。

5.1.2　基于联盟链和 IPFS 的科研项目下的数据共享模式

在上述科研项目产生的科研数据共享中，本质的问题是由于各研究团队往往是跨组织组合的，缺乏一定的信任基础。首先，通过联盟链将与科研项目相关的科研团队组成科研联盟，构建科研数据共享场景下的分布式信任基础，将科研数据存储在多个节点上，提高科研数据的可靠性和安全性，在保证数据可访问的情况下避免数据被篡改或丢失。其次，联盟链和IPFS 可以去除中介，使团队成员之间可以直接交换信息，而不需要第三方机构的介入，降低了交易成本和交流成本。此外，在联盟链上加入科研项目管理的相关机构，能够实现对科研项目的全程透明管理。通过联盟链的权限管理机制可有效控制节点的进入和退出，对链上节点进行权限设置，只有授权的成员才能访问和使用数据，避免了数据泄露和滥用的风险。此外，通过智能合约技术设置相应激励机制可有效促进科研数据的共享。

总而言之，基于区块链和 IPFS 的科研数据共享模式可以为跨组织科研团队合作的文件共享带来更加安全、高效和可靠的解决方案，促进团队之间的合作和协作，提高科研项目的质量和效率。

5.2　基于联盟链的数字作品知识产权管理系统设计

5.2.1　系统模型

基于联盟链和 IPFS 的数字作品知识产权共享系统在 P2P 网络上形成了分布式的文件存储模式，系统模型如图 5-1 所示。

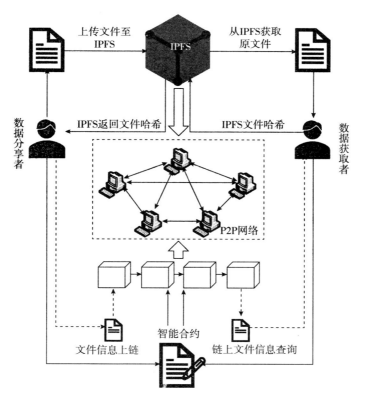

图 5-1　系统模型图

从科研数据的产生与使用的角度出发，系统用户可分为科研数据的所有者和使用者，而这两类用户可能所属不同的机构。围绕数字作品上传平台的过程，设计了作品信息上链、原作品上传 IPFS 两个主要部分。在获取科研数据的过程中，用户通过合约查看链上数字作品知识产权的相关信息，之后通过其数据信息在 IPFS 获取数字作品的知识产权。本系统模型构建了一个科研数据知识产权共享联盟，在该联盟上不仅能实现数字作品知识产权共享，还能将与数字作品相关的各个单位进行关联，跟踪数字作品的传播和使用情况，确保合法授权和收益分配。

5.2.2 系统架构

基于联盟链和 IPFS 的知识产权共享的业务内容，从系统开发角度出发，系统模型主要分为存储层模块、智能合约模块、功能层模块以及可视化层模块，系统总体架构和模块详情如图 5-2 所示。用户在前端页面与后端区块链模块及 IPFS 进行交互，以完成数据的上传、下载以及信息的查询等工作。

5.2.2.1 存储层

存储层由 IPFS 私有化集群和区块链集群构成，实现数字作品知识产权存储的和信息记录的功能。数字作品知识产权原数据存储在 IPFS 私有化集群上，而在区块链集群上存储数字作品在 IPFS 上生成哈希摘要及相关其他信息。通过两者的分布式协同配合，既提高了系统的高效运行，也保证了数据的安全可靠。

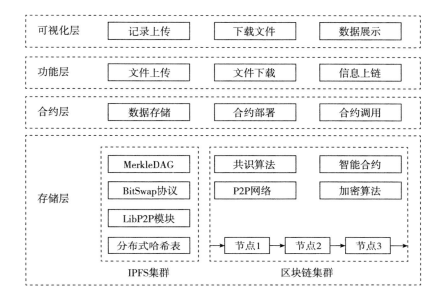

图 5-2　系统架构图

5.2.2.2　合约层

智能合约层通过 Solidity 语言进行编写实现，主要负责实现科研数据相关信息的初始化、数据存储、数据检索功能。合约通过联盟链节点部署到区块链网络中，供其他节点账户调用合约使用。此外，合约层建立在存储层上，实现对存储层区块链集群的数据存储和读取。

5.2.2.3　功能层

功能层是面向用户的需求进行的底层逻辑功能封装。对于存储功能，需要通过客户端首先向 IPFS 服务端上传文件获取科研数据摘要信息，此后可调用智能合约执行文件上传到联盟链的操作。对于下载功能，用户需通过客户端发起请求，由服务端调用智能合约查询数字作品摘要信息，此后将获取的数字作品哈希通过下载请求从 IPFS 集群获取到科研数据知识产权文件。

5.2.2.4　可视化层

可视化层是系统的最顶层，也是系统业务逻辑实现的最终体现，聚合了系统底层的处理逻辑，最终呈现给用户最简单的页面，因此也是最贴近用户的一层。

5.2.3　基于联盟链和 IPFS 的知识产权共享系统模块介绍

作为数字作品知识产权数据存储的核心模块，IPFS 数据存储模块、区块链模块及智能合约模块是本系统数字作品知识产权数据文件共享功能实现的基础。接下来，重点阐述各模块的设计。

5.2.3.1　区块链模块

区块链模块是把不同单位组织起来完成数据共享的核心模块，系统通过共识机制和智能合约的共同作用，完成系统的自动运行，无须人为干预。本系统在 FISCO BCOS 联盟链框架上设计搭建了数字作品知识产权的数据共享联盟链，不同的联盟在联盟链上可实现数据隔离和权限隔离。对应实际中的不同数据需求，组成不同的共享联盟，也能够极大地减少信息检索的成本。在本系统的设计构想中，设计了两个联盟。一个是数字作品创作团队联盟，该联盟共享的文件包括数字作品知识产权的分配。另一个是跨机构单位之间的联盟，该联盟上的数据依赖于数字作品知识产权的共享，并借助于联盟链组建联盟的快捷性。需要强调的是，联盟上存储的是文件的链上"交易"信息，而数字作品知识产权元数据实际存储在 IPFS 星际文件系统中。在本书设计的系统模型中，区块链模块通过与金链盟官方提供的 SDK 编写的 API 结构实现与客户端进行交互，完成用户的请求操作。SDK 提供了对联盟链的链管理、合约管理，以及交易查询等功能。此外，联盟链通过前后端服务实现与 IPFS 星际文件系统的文件摘要传输。

FISCO BCOS 的底层架构包含了共识节点、观察节点和游离节点三种类型的节点。每个联盟中，联盟链运营实体等权威机构可通过接口对联盟内节点角色进行转换。共识节点必须与联盟内的其他节点建立 P2P 网络连接，否则不会被添加为共识节点。同联盟内的节点之间数据共享，交易信息透明。在联盟一中，联盟节点由同一机构的数字作品研发人员组成，而在联盟二中，联盟节点由不同机构的单位组成，架构设计如图 5-3 所示。

5.2.3.2　智能合约模块

智能合约是实现联盟链业务逻辑的关键，FISCO BCOS 提供了 Solidity 智能合约编程语言。因区块链上的数据不可篡改，上链的代码也是不可更改的，节点在处理请求时必须执行。因此，结合 Solidity 语言编程特性，在设计智能合约之前对合约设计的接口和相关数据结构进行了规范，由此避免出现逻辑漏洞。本书设计的基于区块链的数字作品知识产权共享方案的实现依赖智能合约技术，因此设计定义同机构中人员联盟的数据共享智能合约 DataSharContract01，以及不同机构联盟的数据共享智能合约 DatasharContract02。下面对两个智能合约的逻辑设计进行阐述。

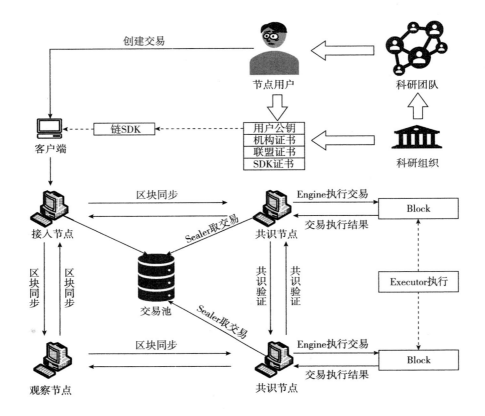

图 5-3　区块链架构设计

（1）DataSharContract01 合约。

DataSharContract01 合约是部署在同机构的联盟中，面向数字作品工作者。其功能主要包括知识产权摘要信息上链、数字作品信息上链、数字作品和知识产权的信息查询功能，具体的接口设计说明如表 5-1 所示。

表 5-1　DataSharContract01 合约接口说明

函数接口	描述
uploadData（）	链上存储知识产权信息

续表

函数接口	描述
actRegister （）	数字作品注册
getData （）	查看知识产权信息
fromactgetData （）	查看数字作品数据

其中设计知识产权相关数据的属性如表 5-2 所示。

表 5-2　知识产权数据 **resData** 数据结构

名称	数据类型	含义
dataIPFSID	string	知识产权 IPFS 地址
actID	uint32	知识产权所属数字作品 ID
dataName	string	知识产权名
actName	string	知识产权所属数字作品名
dataextInfo	string	知识产权摘要信息
dataType	string	知识产权类型
initTime	uint64	操作时间

本章中定义的知识产权和数字作品为一对一的关系。换言之，一个知识产权一定对应一个数字作品，而一个数字作品包含多个知识产权。

因而数字作品 researchAct 数据结构体中通过 mapping 语句定义了映射表 resDatalist，并在全局变量中定义了知识产权的映射表 resactlist。数字作品信息属性如表 5-3 所示，基于上述对于 DataSharContract01 合约的数据定义和接口定义，下面对它的算法实现进行介绍。首先，介绍数字作品上传到联盟链的接口 actRegister，表 5-4 为其接口的伪代码实现。在通过接口 actRegister 实现数字作品信息上链的过程中，建立了数字作品 ID 与数字作品具体信息 re-seadchAct 结构体的关系对照表，便于后面查找数字作品的相关信息，主要通过 Solidity 语言中的 mapping 映射表实现。其中将数字作品 actID 作为 mapping 映射表的 key 值，将 researchAct 作为映射表的 value 值。当完成接口定义的功能后通过触发 actregisterEvent 事件来传递合约创建成功的消息。

表 5-3　数字作品 researchAct 数据结构

属性	类型	含义
actID	uint32	数字作品 ID
actName	string	数字作品名称
actextInfo	string	数字作品内容
actTime	uint64	数字作品时间
actDur	uint64	数字作品持续时间

表 5-4　合约接口 actRegister 实现数字作品数据上链过程描述

actRegister 接口：数字作品数据上传
输入：actID、actName、actextInfo、actTime、actDur
输出：uint32
Procedure actRegister 1. data = researchAct (actID, actName, actextInfo, actTime, actDur); 2. resactlist [actID] = data; 3. emit actregisterEvent (actID, actName, actextInfo, actTime, actDur); 4. return 1; End Procedure

其次，介绍对知识产权数据上链的合约接口 uploadData 的逻辑实现设计。表 5-5 为合约接口 uploadData 实现的伪代码实现。

表 5-5　合约接口 actRegister 实现知识产权数据上链过程描述

uploadData 接口：知识产权数据上传
输入：dataIPFSID、actID、dataName、actName、dataextInfo、dataType、initTime
输出：uint32
Procedure uploadData 1. data＝resData（dataIPFSID, actID, dataName, actName, dataextInfo, dataType, initTime）； 2. resactlist［actID］.resDatalist［dataIPFSID］＝data； 3. uploaddataEvent（dataIPFSID, actID, dataName, actName, dataextInfo, dataType, initTime）； 4. return 1； End Procedure

在通过接口 uploadData 实现知识产权数据上链的过程中，建立了知识产权编号 dataIPFSID 到 resDatalist 的映射表，并将该映射表与数字作品映射表 researchAct 进行了关联。用户通过接口 uploadData 将知识产权的相关信息上传到联盟链，由于 IPFS 本身具有对文件去重的功能，因此在接口 uploadData 中不会判断知识产权是否已存在，因为在上链之前 IPFS 已经对文件做了重复性判断。

最后，对于数字作品、知识产权的信息查询功能，可通过合约的 getData 接口、fromactgetData 接口实现。通过 getData 查看知识产权处理过程需传入知识产权的 dataIPFSID 和数字作品的 actID，由 assert 语句校验 actID 合法性后，将检索到的知识产权 resData 存到临时变量并返回。通过 fromactgetData 查看数字作品处理过程需传入数字作品的 actID，由 assert 语句检验 actID 合法性后，将检索到的数字作品 researchAct 赋值给临时变量并返回。两个查询接口以 Solidity 中的关键词 view 对接口函数进行修饰，避免将调用智能查询进行查询的操作作为区块链交易，减少了联盟链节点的负载。

（2）DataSharContract02 合约。

DatasharContract02 合约是部署在不同机构的联盟中，面向的是不同机构的工作者。其主要功能主要包括知识产权、数字作品、团队的信息上链存储及对应的信息查询，以及数字作品知识产权的状态更新，从而实现数据的共享管理。首先阐述智能合约的接口，如表 5-6 所示。

表 5-6　DataSharContract02 合约接口说明

函数接口	描述
uploadresProject（）	上链存储数字作品信息
uploadData（）	上链存储知识产权信息
uploadresTeam（）	上链存储科研团队信息
resprojectUpdate（）	更新数字作品知识产权状态
getresData（）	查看链上存储知识产权信息
getresProject（）	查看链上存储的数字作品信息
getresTeam（）	查看链上存储的科研团队信息

相比联盟一的知识产权文件数据结构，联盟二中的知识产权与数字作品和科研团队有着直接关联，即一个知识产权属于某个数字作品，产生于一个团队。因此将数字作品 ID 和科研团队 ID 加入知识产权数据信息中。从而定义了该联盟中知识产权的数据结构，如表 5-7 所示。

表 5-7　resData 知识产权数据结构

名称	数据类型	含义
dataIPFSID	string	知识产权 IPFS 地址
resteamID	uint32	知识产权所属科研团队 ID
resprojectID	uint32	知识产权所属数字作品 ID
dataName	string	知识产权名
dataextInfo	string	知识产权摘要

名称	数据类型	含义
dataType	string	知识产权类型
initTime	uint64	操作时间

不同机构的科研团队组成了科研联盟二，因此对科研团队的数据结构进行了定义，如表5-8所示。

表5-8　resTeam 团队数据结构

名称	数据类型	含义
resteamID	uint32	团队 ID
resteamAgence	string	团队所属机构
resteamleaderID	uint32	团队负责人 ID
resteamleaderName	string	团队负责人姓名

联盟二的不同科研团队合作进行的数字作品会有不同知识产权归属，而一个数字作品会有多个科研团队参与，因此在数字作品信息加入了科研团队信息和知识产权数据信息。根据 Solidity 的设计模式，在数字作品 resProject 中构建了知识产权映射表 resdatalist 和科研团队映射表 resteamlist。如表5-9所示，对数字作品的数据结构进行了定义。

表5-9　esProject 数字作品数据结构

名称	数据类型	含义
resprojectID	uint32	数字作品 ID
resprojectName	string	数字作品名称

续表

名称	数据类型	含义
resprojectStatus	string	数字作品状态
startTime	uint32	数字作品开始时间
resproDur	uint64	数字作品持续时间
time	uint32	操作时间

基于上述对不同机构联盟的知识产权共享合约的数据结构和接口说明，对 DataSharContract02 合约的算法逻辑进行说明。首先介绍将科研团队信息上传到联盟链的接口 uploadresTeam，表 5-10 为接口的伪代码实现。

表 5-10　合约接口 uploadresTeam 实现科研团队信息上链过程描述

uploadresTeam 接口：科研团队信息上链

输入：resteamID，resprojectID，resteamAgence，resteamleaderID，resteamleaderName

输出：uint32

Procedure uploadresTeam
1. data = resTeam（resteamID，resteamAgence，resteamleaderID，resteamleaderName）；
2. resprojectlist［resprojectID］. resteamlist［resteamID］= data；
3. emit uploadresTeamEvent（resteamID，resteamAgence，resteamleaderID，resteamleaderName）；
4. return 1；
End Procedure

在通过接口 uploadresTeam 实现科研团队信息上链的过程中，首先，建立了数字作品 ID 与科研团队具体信息 resData 结构体的关系映射表，便于后面查看参与数字作品的科研团队的相关信息。其主要是通过 mapping 映射表将科研团队的 ID 作为 key，将科研团队的具体信息 resData 作为 value 值。当完成接口定义的赋值操作后，通过触发 uploadresTeamEvent 事件来传递合约创建成功的消息。其次，介绍数字作品信息上链的合约接口 uploadresProject 的逻辑实现过程。表 5-11 为合约接口 resProjectData 的伪代码实现。

表 5-11　合约接口 **resProjectData** 实现数字作品数据上链过程描述

resProjectData 接口：数字作品信息数据上传
输入：fileIPFSID、fileName、extInfo、fileType、initTime
输出：uint32
Procedure uploadresTeam 1. data = resProject（resprojectID, resprojectName, resprojectStatus, startTime, resproDur, time）； 2. resprojectlist［resprojectID］= data； 3. emit uploadresProjectEvent（resprojectID, resprojectName, resprojectStatus, startTime, resproDur, time）； 4. return 1； End Procedure

在通过接口 resProjectData 将数字作品数据上链的过程中，首先，建立了数字作品编号 resprojectID 到数字作品 resProject 的映射表，再通过触发事件 uploadresProjectEvent 执行数字作品信息的上传"交易"，完成上链。其次，介绍上传知识产权的合约接口 uploadData 的实现过程，表 5-12 为合约接口 uploadData 的伪代码实现。

表 5-12　合约接口 **uploadData** 实现数据信息上链过程描述

resProjectData 接口：数字作品信息数据上传
输入：fileIPFSID、fileName、extInfo、fileType、initTime
输出：uint32
Procedure uploadresTeam 1. data = resProject（resprojectID, resprojectName, resprojectStatus, startTime, resproDur, time）； 2. resprojectlist［resprojectID］= data； 3. emit uploadresProjectEvent（resprojectID, resprojectName, resprojectStatus, startTime, resproDur, time）； 4. return 1； End Procedure

此外，需要介绍的是数字作品知识产权的状态更新接口 resprojectUpdate，是用来对数字作品知识产权变动进度进行记录的一个状态参数。在数字作品的实施阶段发生改变时，需要对数字作品状态 resprojectStatus 进行更新。其作用是在链上查看知识产权的同时，也能够追溯查看到该数字作品的所有权历史，确保合法权利人可以追溯到所有权的链条。表5-13 为合约接口 resprojectUpdate 的伪代码实现。

表5-13　合约接口 resprojectUpdate 实现数字作品数据状态更新上链过程描述

算法1：数字作品状态更新

输入：resprojectID、resprojectName、updateStatus、startTime、resproDur

输出：uint32

```
Procedure uploadresTeam
1. data=resProject (resprojectID, resprojectName, updateStatus, startTime, resproDur, \ n updateTime);
2. resprojectlist [resprojectID] =data;
3. emit resprojectUpdateEvent (resprojectID, resprojectName, updateStatus, startTime, \ n resproDur, updateTime);
4. return 1;
End Procedure
```

通过合约接口 resprojectUpdate 实现数字作品状态的更新，主要是对数字作品数据结构中的 resprojectStatus 进行更改，同时通过 updataTime 参数记录状态更改的时间。首先，建立了数字作品 resProject 到数字作品列表的映射表 resprojectlist。其次，通过执行 resprojectUpdateEvent 事件完成状态信息和更新时间的修改。由此，可以对数字作品的每个阶段的所有权归属都能够做出一定的区分，便于数字作品知识产权的管理。最后，对于数字作品、科研团队、知识产权的信息查询功能，可通过合约的 getresProject 接口、getresTeam 接口、getresData 接口实现。通过 getresProject 查看数字作品数据的过程需传入该项目的 resprojectID, 由 assert 语句校验该 ID 的合法性后, 将检索到的数字作品数据存入 resProject 结构体的临时变量, 并返回给用户。通过 getresTeam 接口查看科研团队的过程需传入科研团队的 resteamID 和科研项目 resprojectID, 由 assert 语句校验两 ID 的合法性后, 将检索的科研团队数据存储到 resTeam 结构体临时变量中, 并返回给用户。通过 getresData 接口查看知识产权信息需传入知识产权的 dataIPFSID 和数字作品 resprojectID, 由 assert 语句校验它们的合法性后, 会将检索到的 resData 结构体的临时变量返回给用户。三个查询接口均通过 view 关键词进行修饰, 完成数据的读取而不改变链上交易的状态变量, 避免了共识验证过程, 完全不消耗 gas。

5.2.3.3 IPFS 数据存储模块

区块链的存储方式是分布式的, 链上节点共同维护账本的"交易"数据。与 IPFS 星际文件系统相比, 区块链上的存储数据更加可信、可靠。"交易"数据的上链存储过程需要经过节点共识才可上链, 而共识的过程会消耗较多的资源。此外, 链上其他节点也需要同步数据到本地, 会占用较多的本地存储资源。因此, 本系统模型对 IPFS 星际文件系统调研分析, 将其设计应用到基于联盟链的数字作品知识产权共享的系统模型中。

IPFS 是分布式存储文件系统, 该系统由科研团队各个节点共同组建。使用 IPFS 存储原始数字作品知识产权通过在命令行执行 ipfs add 加文件名即可完成文件的上传, 通过 ipfs get 加上传文件时所获得的文件哈希值即可从 IPFS 网络中下载得到原文件。但是 IPFS 作为一个独立的服务工具, 在本系统设计中会采用 SDK 的方式进行连接, 完成与客户端和联盟链的交互。具体地, 当用户在 Web 前端发送 POST 请求上传文件时, 后端服务获取到客户端的上传文件后调用 API 接口将文件上传到 IPFS 中，而后会返回文件的哈希值，同时后端服务会继续通过 API 接口调用智能合约以完成文件哈希上链存储。在需要获取文件时，客户端通过发送请求调用智能合约，以查询到交易中的文件哈希值，再通过该哈希值调用 IPFS 的下载 API 接口，完成文件的下载。具体过程如图 5-4 所示。

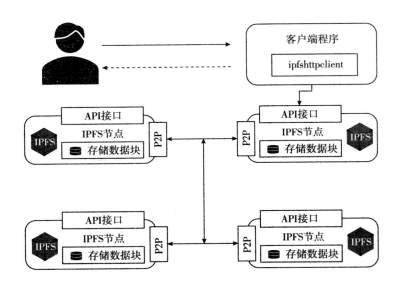

图 5-4　IPFS 服务过程示意图

5.2.4　服务端与客户端设计

服务端的设计实际为网络服务器的设计，用于实现服务器与区块链和 IPFS 星际文件系统的集成对接。本系统的服务端接口通过 Flask 框架和 Py-thonSDK 进行设计。服务端使用 http 协议的 GET 和 POST 请求封装了客户端发送的知识产权信息上链数据，然后将封装的请求数据在服务端内部调用 PythonSDK 的 API 与联盟链进行交互，通过智能合约将数据打包上链。首先，需对 PythonSDK 进行相关配置，包括与联盟链节点的通信协议、通信地址、节点群组、节点机构进行等信息，保证 PythonSDK 与联盟链节点的信息通信。其次，还需配置该节点上的用户账户信息，将用户私钥配置到 SDK 中，保证用户与联盟链节点实现业务交互。最后，还需将智能合约的 ABI 文件配置到 SDK 中，实现服务端与智能合约的交互，完成相关信息的上传和检索。

在完成 SDK 的相关配置后，需要将其接口封装到后端的服务框架 Flask 的 API 中。因此根据 Flask 的框架以及相关的业务需要，进行接口的封装。本系统首先针对联盟链上的群组一的知识产权共享业务，构建了用户链上注册登录、知识产权信息上链、数字作品上链的功能接口。针对联盟链上的群组二的知识产权共享业务，构建了用户链上注册登录、知识产权信息上链、科研团队上链、科研项目上链的功能接口。

此外，IPFS 集群作为一个独立的服务需要通过 API 接口连接交互，相关的接口也是整合在 Flask 后端接口中。具体地，上传时，通过 POST 方法接收客户端的文件请求，调用工具包的 API 将文件上传至 IPFS 中，而后将 IPFS 返回的文件哈希值返回给客户端；下载时，通过网络接收客户端发送的知识产权哈希值，调用工具包的 API 根据哈希值下载文件，而后将文件发送回客户端。

至此，知识产权共享服务端的设计完毕。基于 Flask 和 PythonSDK 设计的服务器端接口，通过 http 请求完成区块链中数据的读取和更新，实现后端服务器和底层区块链的交互。客户端面向用户，为用户提供了与服务端交互的可视化窗口。在本系统客户端依赖 HTML、CSS、Vue 框架进行客户端的逻辑实现，通过 axios 发送接收网络请求与后台服务器进行交互。根据用户的实体对应链上不同的账户所在的联盟节点区分了不同的业务。主要的功能模块分为了用户登录与注册、区块交易概览、信息上链、信息检索、知识产权上传与下载四个模块。其中用户的登录注册是本系统的入口。用户通过链上节点注册的账户进行系统的登入，而用户的注册功能需要通过 FISCO BCOS 脚本工具生成账户地址和以账户地址为文件名的私钥 PEM 格式文件并在 SDK 中进行相应配置即可。在用户通过链上节点账户进入知识产权共享系统后，通过前端相关接口传入需要提交上链的数据信息，构建 POST 请求并发送服务端，服务端调用相关的合约接口完成信息的上链。对于信息的查询，也需要用户输入查询条件发送给服务端，从而调用合约，完成链上信息的查询。

5.2.5 小结

本节从系统设计的角度出发根据系统的主要功能将系统划分为多个不同的模块。首先，阐述了系统的总体设计方案，将系统划分为 IPFS 模块、区块链模块、智能合约模块。区块链模块负责共享文件的关键信息存储，IPFS 模块负责存储原始文件数据，智能合约模块负责文件共享相关的业务实现。其次，对系统主要的模块围绕知识产权共享的过程做了详尽的介绍，包括相关的合约接口定义和相关信息的数据结构。最后，阐述了整个服务端的接口逻辑，以及客户端的功能模块和实现方式，为后续系统原型的实现做好准备工作。

5.3　基于联盟链的数字作品知识产权管理系统原型实现与测试

在第 5.2 节设计提出的知识产权共享系统框架的基础上，本节借助多种开源工具与开发技术实现了一个简易的基于联盟链和 IPFS 的知识产权共享系统，首先，通过使用 FISCO BCOS 联盟链和 IPFS 私有化集群实现文件共享存储的核心框架，基于此框架开发了智能合约以实现文件共享的核心逻辑。其次，基于开源框架 Vue+Flash 实现系统的前后端服务。最后，本节对测试了系统的基本功能，为相关人员提供切实可行的开发借鉴。

5.3.1　系统配置

区块链服务和 IPFS 服务都部署在单机服务器上，服务器硬件配置为 Intel（R）Core（TM）) i7-12700H 2.30GHz 处理器，16G 内存。使用 VMware 软件作为虚拟机工具，虚拟机内装有三台 Ubuntu18.04 操作系统，利用虚拟机和端口区分 IPFS 节点和区块链节点。本系统部署在本地虚拟机上，在部署成功后，用户可以通过浏览器访问到系统的页面进行相关功能的操作。本系统主要的软件开发环境和对应的版本如表 5-14 所示。在以上的软件配置中，Git 是拉取 FISCO BCOS、IPFS 项目以及项目依赖的工具包。FISCO BCOS 框架依赖 Go、Java、Python 语言环境，其链上交易、区块信息、日志等数据都存储在 MySQL 数据库中。IPFS 星际文件系统也依赖 Go 语言环境。Vue 是前端页面中用到的框架，结合 HTML、CSS 完成前端界面的搭建，Flask 是后端接口封装的 Python 语言框架，前端通过 axios 发送请求、接收响应完成交互。在后端接口中，ipfshttpclient 是封装 IPFS 集群接口的接口，用于在 Flask 封装的服务中实现知识产权的上传与下载功能。

表 5-14　系统开发环境

名字	版本
VMware Workstation pro	16. 2. 2
操作系统 Ubuntu	18. 04
FISCO BCOS	2. 7. 2
Go	1. 11. 5
Python	3. 6. 9
Openjdk	11. 0. 14
Git	2. 17. 1
go-ifps	0. 4. 22
ipfshttpclient	0. 4. 13. 2
MySQL	10. 1. 48
PyMySQL	1. 0. 2
Vue	5. 0. 4
Flask	2. 0. 3
axios	0. 27. 2

5.3.2　环境搭建

本小节主要阐述搭建联盟链和 IPFS 私有化集群的环境配置及部署过程。

5.3.2.1　联盟链配置与搭建

本系统基于 FISCO BCOS 的联盟链框架。由于设备不足，本系统在虚拟机上的一台 Ubuntu18.04 操作系统搭建了四个群组、三个机构、十二个节点的联盟链网络，主要的所属关系如图 5-5 所示。

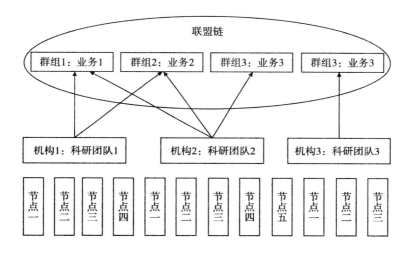

图 5-5　联盟链构建

其中，三个机构由不同的业务相互组合成为四个业务群组，而十二个群组分别属于三个机构。其具体联盟链配置如表 5-15 所示。

表 5-15　节点配置表

Nodes	节点 IP	节点端口	所属机构	所属群组
node0	127.0.0.1	8545	Agency_A	群组 1、群组 2
node1	127.0.0.1	8546	Agency_A	群组 1、群组 2

续表

Nodes	节点 IP	节点端口	所属机构	所属群组
node2	127. 0. 0. 1	8547	Agency_ A	群组 1、群组 2
node3	127. 0. 0. 1	8548	Agency_ A	群组 1、群组 2
node4	127. 0. 0. 1	8549	Agency_ B	群组 1、群组 2、群组 3
node5	127. 0. 0. 1	8550	Agency_ B	群组 1、群组 2、群组 3
node6	127. 0. 0. 1	8551	Agency_ B	群组 1、群组 2、群组 3
node7	127. 0. 0. 1	8552	Agency_ B	群组 1、群组 2、群组 3
node8	127. 0. 0. 1	8553	Agency_ B	群组 1、群组 2、群组 3
node9	127. 0. 0. 1	8554	Agency_ C	群组 4
node10	127. 0. 0. 1	8555	Agency_ C	群组 4
node11	127. 0. 0. 1	8556	Agency_ C	群组 4

整个系统的核心是联盟链的搭建，其整个主要的关键流程包括联盟链网络的搭建、智能合约的部署与调用。

（1）拉取源码。通过 Git 拉取 FISCO BCOS 源码到本地。

（2）节点配置。将上述节点、机构、群组配置写入 ipconf 配置文件中，然后通过执行 bulid_ chain. sh 脚本快速搭建联盟链网络。

（3）启动网络节点。通过 start_ all. sh 启动联盟链节点，启动结果如图 5-6 所示。

（4）智能合约的部署与调用。在完成联盟链网络的搭建后，本书部署了 FISCO BCOS 控制台、WeBASE 管理平台实现对区块链状态的查询、管理，以及对智能合约的部署、调用。关于智能合约的部署主要可以分为下面两步：

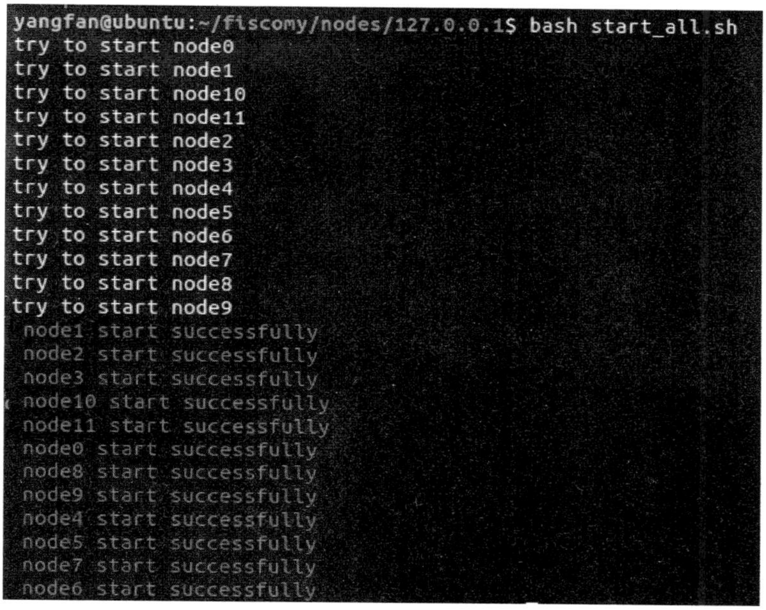

```
yangfan@ubuntu:~/fiscomy/nodes/127.0.0.1$ bash start_all.sh
try to start node0
try to start node1
try to start node10
try to start node11
try to start node2
try to start node3
try to start node4
try to start node5
try to start node6
try to start node7
try to start node8
try to start node9
 node1 start successfully
 node2 start successfully
 node3 start successfully
 node10 start successfully
 node11 start successfully
 node0 start successfully
 node8 start successfully
 node9 start successfully
 node4 start successfully
 node5 start successfully
 node7 start successfully
 node6 start successfully
```

图 5-6　启动区块链网络节点

一是合约部署。在配置好的控制台中，可通过"deploy+合约路径"的命令即可实现对智能合约的部署。而在 WeBASE 管理平台中首先需要对编写的智能合约进行编译，只有编译通过后才可部署，相对控制台的部署方式，WeBASE 平台更加方便开发人员进行合约的调试和管理。

二是合约调用。在控制台中，通过 call 命令可实现对智能合约的调用，而 WeBASE 管理平台亦能实现。相对而言，WeBASE 在对合约调用时对合约需传入的参数进行了可视化的展示。

5.3.2.2　配置工具包 SDK

SDK 是客户端程序与 FISCO BCOS 联盟链交互的中间件。FISCO BCOS

提供了 JavaSDK、Web3SDK、PythonSDK、NodejsSDK 等多种 SDK。本系统所采用的是 PythonSDK 实现与联盟链节点的通信。首先，通过 Git 指令拉取 PythonSDK 源码拉取到本地，安装 SDK 的第三方依赖包。其次，将联盟链节点所在目录下的 ca. crt、sdk. crt 和 sdk. key 配置文件复制到项目文件的 bin 路径下，之后将 client_ config. py. template 文件重新命名为 client_ config. py，并修改其中的证书路径。在本系统中是将 node0 节点作为主节点，因此在 PythonSDK 中涉及通信地址、通信端口、节点证书、机构证书等都是以 node0 的信息进行的配置。在完成上述配置后，PythonSDK 与联盟链中配置的节点建立连接，客户端程序便可通过节点发起文件共享请求。

IPFS 私有化集群搭建。本方案是在 VMware 上的三台 Ubuntu18. 04 系统上搭建了 IPFS 私有化集群网络，节点配置如表 5-16 所示，其部署过程主要分为四步。

表 5-16　ipfs 配置表

主机名	类型	IP 地址
18. 04. 000	IPFS	192. 168. 205. 130
18. 04. 001	IPFS	192. 168. 205. 128
18. 04. 002	IPFS	192. 168. 205. 129

（1）拉取 IPFS 源码并安装。在 Ubuntu 系统中，通过 git 命令拉取 IPFS 源码文件压缩包。把解压的 IPFS 文件放在对应的目录下，之后进行安装。

（2）生成密钥。在安装完 IPFS 之后进行初始化，得到节点 ID。之后，通过密钥生成工具 ipfs-swarm-key-gen，并在任意一台系统节点上生成密钥 swarm. key，分发给其他两个节点，以便私有化节点之间进行安全验证。

（3）配置私有节点。首先，通过 rm 指令移除原来的公网节点，再通过相关指令执行初始化操作，完成私有节点的初始化。其次，通过 bootstrap 指令修改 config 配置文件，把其他两个节点添加到自己的私有化网络中。最后，在其他两个系统中分别执行同样的操作，至此 IPFS 私有化网络搭建完成。

（4）启动节点。图 5-7 为 IPFS 网络节点启动成功的结果。

```
yangfan@ubuntu:~$ ipfs daemon
Initializing daemon...
go-ipfs version: 0.4.22-
Repo version: 7
System version: amd64/linux
Golang version: go1.12.7
Swarm is limited to private network of peers with the swarm key
Swarm key fingerprint: dbd33fd06b18bfb77268bd0953abaf64
Swarm listening on /ip4/127.0.0.1/tcp/4001
Swarm listening on /ip4/172.17.0.1/tcp/4001
Swarm listening on /ip4/192.168.205.130/tcp/4001
Swarm listening on /ip6/::1/tcp/4001
Swarm listening on /p2p-circuit
Swarm announcing /ip4/127.0.0.1/tcp/4001
Swarm announcing /ip4/172.17.0.1/tcp/4001
Swarm announcing /ip4/192.168.205.130/tcp/4001
Swarm announcing /ip6/::1/tcp/4001
API server listening on /ip4/127.0.0.1/tcp/5001
WebUI: http://127.0.0.1:5001/webui
Gateway (readonly) server listening on /ip4/127.0.0.1/tcp/8080
Daemon is ready
```

图 5-7　启动 IPF 节点

在启动所有的 IPFS 节点后，便可在 IPFS 网络集群上存储知识产权。以知识产权 test. txt 为例，在主机 18.04.000 上通过命令"ipfs add/home/yang-fan/桌面/test/test. txt"将其上传到 IPFS 私有化网络集群上。具体存储过程如图 5-8 所示。

```
yangfan@ubuntu:~$ ipfs add '/home/yangfan/桌面/test/test.txt'
added QmRK9dZAW2bG4HHu2CYsHsaAkd7wPnEch55gc3ux2vPDg6 test.txt
 72 B / 72 B [===================================================] 100.00%yyayy
```

图 5-8　文件存储过程

其中，QmRK9dZAW2bG4HHu2CYsHsaAkd7wPnEch55gc3ux2vPDg6 是 test. txt 文件上传到 IPFS 集群生成的摘要信息。随后，在主机 18. 04. 002 上的 IPFS 节点通过执行命令"ipfs get QmRK9dZAW2bG4HHu2CYsHsaAkd7wPnEch55g c3ux2vPDg6"，即可下载到 test 文件，将下载到的文件存储在"/home/yang-fan002"目录下，可修改文件后缀的方式通过相关软件直接打开文件。通过命令"ipfs cat QmRK9dZAW2bG4HHu2CYsHsaAkd7wPnEch55gc 3ux2vPDg6"可直接查看文件内容，如图 5-9 所示。

```
yangfan002@ubuntu:~$ ipfs cat QmRK9dZAW2bG4HHu2CYsHsaAkd7wPnEch55gc3ux2vPDg6
你好，我是测试文件,用来测试 IPFS集群文件存储功能!
```

图 5-9　文件内容

本系统构建的 IPFS 私有化网络不会被 IPFS 公网节点所干扰，为知识产权共享联盟的数据共享提供了一个封闭安全可靠的存储系统，科研人员上传的知识产权被分块存储并备份到 IPFS 私有化集群网络中。

5.3.3　系统原型实现

5.3.3.1　数据共享智能合约实现

FISCO BCOS 目前只提供了基于以太坊的智能合约语言 Solidity 开发。本系统在所搭建的联盟链网络上部署了 DataSharContract01 合约和 DataSharContract02 合约，以实现在联盟链上对知识产权信息、数字作品信息、知识产权变动信息、科研团队信息的上链功能与链上查询功能。

（1）合约编译

合约的编译以第 5.2 节所设计合约的实现逻辑和数据结构，在 WeBase 后台管理平台上分别在群组 1 和群组 3 上编写了 DataSharContract01.sol 合约和 DataSharContract02.sol，并完成了合约编译。图 5-10 为 DataSharContract01 合约和 DataSharContract02 合约的编译结果。

图 5-10　合约编译结果

（2）合约部署。

在完成了合约的编译之后，将合约 DataSharContract01.sol 部署在群组

2 上，以及合约 DataSharContract02. sol 部署在群组 3 上。

a. 合约 DataSharContract01 部署。

合约的部署需要通过特定节点账户完成，因此在 WeBase 后台管理平台上生成了联盟一的三个节点用户，其用户信息如表 5-17 所示。

表 5-17   联盟一节点用户信息

用户名称	用户公钥	用户描述
xxx001	0xd83b7f1d0467e66199c96210a00f7e7b7f1d3acd	科研人员
xxx002	0xbe203fa4704ea1e0723b0b1b5f1aee301eef823d	科研人员
yanf002	0xac2cdd1523a3b359a8aa8b3de3f62304da962c84	科研人员

通过用户 yanf002 对合约 DataSharContract01 进行部署，合约部署的交易信息如图 5-11 所示。

图 5-11   DataSharContract01 合约部署交易结果

b. DataSharContract02 合约部署。

同样地，在 WeBase 后台管理平台上生成了联盟二的三个节点用户，其用户信息如表 5-18 所示。

表 5-18　联盟二节点用户信息

用户名称	用户公钥	用户描述
XXX001	0x017855f1fb3477408d40bba843920f1dcee2e73f	科研人员
XXX002	0xcb6dfa807377aef121855369df66fcf241cda3d1	科研人员
g4yang003	0xede28f19d5deab2b6ce2639c9627e069aedb1307	科研人员

通过用户 g4yang003 对合约 DataSharContract02 进行部署，合约部署的交易信息如图 5-12 所示。

图 5-12　DataSharContract02 合约部署交易结果

（3）合约调用。

继合约部署成功后，在 WeBase 平台通过生成的账户测试了合约调用的功能。在确认了合约的功能正常后，本系统通过 Flask 将合约的调用执行上链操作的 PythonSDK 中的接口 sendRawTransactionGetReceipt 方法封装到后端接口中，将调用合约查询链上数据的操作接口 call 方法封装到后端接口中，完成后端服务与链上服务的数据交互。

5.3.3.2 后端服务实现

后端服务通过 PythonSDK 与区块链节点进行通信，通过 Flask 框架对配置好的 PythonSDK 进行接口的封装。在每个功能路由模块下，通过 render_template 方法返回相关页面，进入页面后即可进入到相关功能模块中，实现对前端请求的处理，并返回相关的处理结果。此外在每个功能模块中，保留了其他功能模块的导航路由，可点击跳转到其他功能页面。

5.3.3.3 前端服务实现

前端主要通过 HTML、CSS 及 Vue 框架实现本系统的可视化展示，完成与后端服务的交互。其中主要的模块包括知识产权文件上传、知识产权文件下载、信息上链及信息查询四个功能模块，而每个模块包括更细分的功能模块。在界面分布上，中间区域主要是信息的输入模块，右侧区域为后端响应用户请求的结果呈现。

（1）知识产权文件上传功能。

提供用户将本地的知识产权原文件上传至 IPFS 集群，通过浏览本地文件选择要上传的文件，点击提交上传，即可将知识产权发送到后台 IPFS 集群。IPFS 集群在完成文件上传后会返回该文件在 IPFS 上的数据哈希值、数据名，及其数据的大小信息。联盟一中实现数据上传的系统界面如图 5-13 所示。

（2）知识产权文件下载功能。

提供用户从 IPFS 集群下载知识产权的功能，用户通过上传知识产权文件的 IPFS 哈希值，点击下载即可在浏览器中完成知识产权文件的下载。系

图5-13 文件上传界面

统界面如图5-14所示。

图5-14 文件下载界面

（3）信息上链模块。

信息上链模块是用户通过填写和提交表单完成与区块链的交互，从而实现信息的上链。在本系统中需要上链的信息包括知识产权信息、知识产权变动信息、数字作品信息、科研团队信息。

a. 联盟一知识产权信息上链。

提供联盟一的用户对知识产权信息进行上链操作，具体的上传信息包括知识产权 IPFS 上存储返回的哈希值和名称、对应的数字作品 ID 和名称、数据摘要、数据类型和上传时间的具体信息。在完成填写点击上链后，将表单数据发送到后端区块链，区块链将信息上链后会返回其上链的交易哈希、区块哈希、区块数和交易发起者地址。系统界面如图 5-15 所示。

图 5-15　文件信息上链界面

b. 联盟二知识产权信息上链。

提供联盟二的用户知识产权信息上链，具体的上链信息包括科研文件 ID 与名称、知识产权对应的科研团队 ID 及数字作品 ID、知识产权摘要、知识产权类型及操作时间。在完成填写点击上链后，将知识产权表单数据发送到后端区块链，区块链将信息上链后会返回其上链的交易哈希、区块哈

· 150 ·

希、区块数和交易发起者地址。系统界面如图 5-16 所示。

图 5-16 联盟二文件上链界面

c. 联盟一科研活动信息上链。

提供联盟一的用户将科研活动信息进行上链，具体的信息包括科研活动 ID 与名称、科研活动摘要、活动开始时间及持续时间，提交表单发送到区块链完成上链，后端服务返回信息上链的交易哈希、区块哈希、区块数和交易发起者地址。系统界面如图 5-17 所示。

d. 联盟二科研团队信息上链。

提供联盟二的用户上传科研团队信息进行上链操作，具体信息包括科研团队 ID、对应的科研项目 ID、所属组织、团队负责人 ID 与姓名，提交表单发送到后端区块链集群，完成上链后返回上链的交易哈希、区块哈希、区块数和交易发起者地址。系统界面如图 5-18 所示。

图 5-17 科研活动信息上链界面

图 5-18 科研团队信息上链界面

e. 数字作品信息上链。

提供用户将数字作品信息上链存储，具体信息包括数字作品 ID、数字作品名称、项目状态、项目开始时间、项目持续时间及操作时间，提交表单到后端区块链上链，区块链返回上链交易哈希、区块哈希、区块数和交易发起者地址。系统界面如图 5-19 所示。

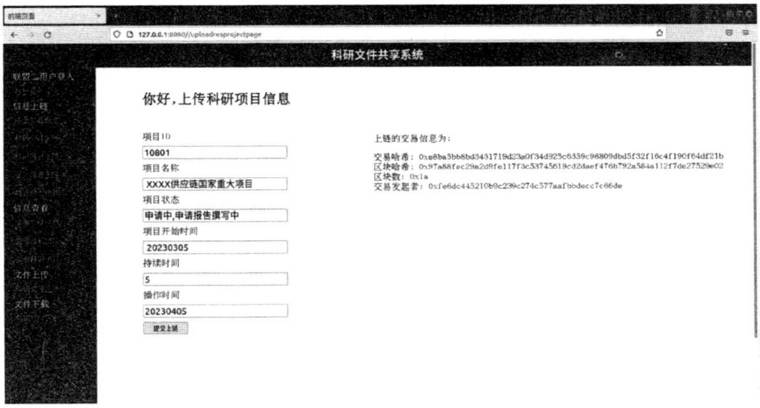

图 5-19　科研项目信息

f. 知识产权状态更新上链。

提供用户知识产权状态更新上链，具体信息包括数字作品 ID、名称、更新的知识产权状态、开始时间及操作时间，区块链返回上链交易哈希、区块哈希、区块数和交易发起者地址。系统界面如图 5-20 所示。

图 5-20　更新科研项目状态信息上链界面

（4）链上信息查询模块。

链上信息查询模块，一方面可对区块链的区块信息进行概览，另一方面可通过检索条件查询链上信息，将检索信息提交到后端区块链服务，后端区块链返回用户检索的相关信息。用户通过检索可获取的信息包含知识产权信息、科研活动信息、科研团队信息以及数字作品信息。

a. 链上交易概览。

提供用户查看链上交易区块的区块哈希信息，联盟一的用户查询交易哈希，如图 5-21 所示。

图 5-21　联盟一交易概览界面

联盟二的用户查询交易哈希如图 5-22 所示。

b. 联盟一查看知识产权链上存储信息。

用户提供知识产权 ID 与科研活动 ID 即可查询到相关的知识产权信息，主要包括知识产权的哈希、知识产权 ID、知识产权名称、文件摘要、文件类型及上传时间。系统界面如图 5-23 所示。

图 5-22　联盟二交易概览界面

图 5-23　查看联盟一链上知识产权信息界面

c. 联盟一查看科研活动链上存储信息。

用户提供要查询的科研活动 ID 即可查询到链上存储的该活动相关信息，主要包括科研活动 ID、活动名称、活动摘要、开始时间及持续时间信息，系统界面如图 5-24 所示。

图 5-24　查看链上科研活动信息界面

d. 查看科研团队链上存储信息。

用户提供科研团队 ID 和科研项目 ID 作为查询条件查询到链上存储的科研团队信息，主要包括科研团队 ID、所属组织、团队负责人 ID 和负责人姓名信息，界面如图 5-25 所示。

图 5-25　查看链上科研团队信息界面

e. 查看联盟二知识产权链上存储信息。

联盟二的链上用户查看知识产权信息，需要提供知识产权 ID 和数字作品 ID，可查询到的相关信息包括知识产权哈希、科研团队 ID、科研项目 ID、文件名称、文件摘要、文件类型、上传时间信息。系统界面如图 5-26 所示。

图 5-26　查看联盟二链上知识产权信息界面

f. 查看数字作品链上存储信息。

用户提供科研项目 ID 即可查看链上存储的相关数字作品信息，主要包括数字作品 ID、数字作品名称、项目状态、项目上传时间及项目周期信息。系统界面如图 5-27 所示。

5.3.4　系统业务功能测试

系统的业务功能测试主要包括 IPFS 文件上传与下载功能，后端实现智能合约接口调用功能测试等实现系统功能的测试。测试结果如表 5－19 所示。

图 5-27　查看链上数字作品信息界面

表 5-19　测试结果

测试编号	测试内容	测试步骤	测试结果
Test1	IPFS 知识产权上传	将知识产权上传到 IPFS	上传成功
Test2	IPFS 知识产权下载	从 IPFS 下载知识产权	下载成功
Test3	联盟一、联盟二合约部署	联盟链编译部署合约	部署成功
Test4	读取联盟一知识产权信息	调用合约读取联盟一知识产权信息	读取成功
Test5	读取联盟一科研活动信息	调用合约读取联盟一科研活动信息	读取成功
Test6	读取联盟二知识产权信息	调用合约读取联盟二科研活动信息	读取成功
Test7	读取联盟二科研团队信息	调用合约读取联盟二科研团队信息	读取成功
Test8	读取联盟二科研项目信息	调用合约读取联盟二科研项目信息	读取成功
Test8	联盟一科研活动信息上链	前后端交互调用合约上链	上链成功
Test9	联盟一知识产权信息上链	前后端交互调用合约上链	上链成功

续表

测试编号	测试内容	测试步骤	测试结果
Test10	联盟二数字作品信息上链	前后端交互调用合约上链	上链成功
Test11	联盟二科研团队信息上链	前后端交互调用合约上链	上链成功
Test12	联盟二数字作品信息更新上链	前后端交互调用合约上链	上链成功
Test13	联盟二知识产权信息上链	前后端交互调用合约上链	上链成功
test14	文件框输入	检查文本框是否正常	输入成功

5.3.5　小结

本节主要介绍了数字作品知识产权共享系统原型的主要实现过程及功能测试。首先，介绍了本系统实现所依赖的硬件配置，以及相关软件及对应版本。其次，基于本系统的两大模块，搭建了联盟链服务环境和IPFS私有化集群服务环境，配置了与服务端交互的pythonSDK。再次，基于两大联盟关于数字作品知识产权共享不同的业务场景，介绍了文件共享智能合约的实现，以及整个文件共享系统前后端的实现。最后，对区块链文件共享系统的功能进行了有效性测试。

5.4　本章小结

本章首先分析了数字作品知识产权共享中存在的问题，针对数字作品知识产权的由来，着重对数字作品的知识产权共享管理进行了深入分析。

为了解决数字作品知识产权共享中的问题，本书提出将区块链技术应用于数字作品知识产权共享系统中，对数字作品知识产权信息进行了分布式存储。同时采用 IPFS 星际文件系统对数字作品知识产权原文件进行分布式存储。通过两者的协同存储，保证了知识产权的安全、可靠、长久存储，从而实现数字作品知识产权共享的价值。

参考文献

［1］ Taherdoost H. Blockchain technology and artificial intelligence together: A critical review on applications ［J］. Applied Sciences, 2022, 12 (24): 12948.

［2］ Cao G, Ginger J, Zhou L. Market expanding or market stealing? Platform competition in bike-sharing ［J］. The RAND Journal of Economics, 2021, 52 (4): 778-814.

［3］ Nash J F. The bargaining problem ［J］. Econometrica, 1950, 18 (2): 155-162.

［4］ Blackburn D, Eisenach J A, Harrison J R D. Impacts of digital video piracy on the US economy ［Z］. The Global Innovation Policy Center, 2019.

［5］ Dou Y, Wu D J. Dynamic platform competition: Optimal pricing and piggybacking under network effects ［R］. Working Paper, Rochester, NY: Social Science Research Network, 2016.

［6］ Li X, Liao C, Xie Y. Digital piracy, creative productivity, and customer care effort: Evidence from the digital publishing industry ［J］. Marketing Science, 2021, 40 (4): 593-812.

［7］ Wang S，Chen H，Wu D. Regulating platform competition in two-sided markets under the O2O Era ［J］. International Journal of Production Economics，2019，215：131-143.

［8］ 阿伯西内·穆素. 讨价还价理论及其应用 ［M］. 上海：上海财经大学出版社，2005.

［9］ 方耀宁，郭云飞，兰巨龙. 基于 Logistic 函数的贝叶斯概率矩阵分解算法 ［J］. 电子与信息学报，2014，36（3）：715-720.

［10］ 刘征驰，马滔，申继禄. 个性定制、价值感知与知识付费定价策略 ［J］. 管理学报，2018，15（12）：1846-1853.

［11］ 马建平，周丽丽. 数字版权保护 DRM 技术体系与缺陷及其改进 ［J］. 江汉大学学报（自然科学版），2012，40（4）：112-114.

［12］ 中国数字出版产业年度报告课题组，张立，王飚，等. 步入高质量发展的中国数字出版——2019～2020 年中国数字出版产业年度报告 ［J］. 出版发行研究，2020（11）：20-25.